地势坤，君子以厚德载物。

李清照传

半生飘零，一世尽情

桑妮——著

中国友谊出版公司

序言

世有女子，如良辰、若美景

一身清冷，她是被安意如称为“香草美人”的女子。

于我而言，她是“高山仰止，景行行止，虽不能至，然心向往之”的女子。

她，出身名门，自小深受良好的教育，有开阔的眼界、高贵的气质。她，灵秀聪颖，少时名动汴京城，才情斐然。

有幸，在最好的年华里遇到了最好的人——赵明诚。

如沈从文致张兆和的信中说的那样，看过很多地方的云，走过很多地方的桥，喝过很多地方的酒，但只爱过一个正当好年华的女子，赵明诚深爱着正当好年华的她。

他们，一个是貌美如花的佳人，一个是风度翩翩的才子。

岁月待他们真好。

十八岁时，她和赵明诚结为连理。

情投意合的他们，婚后生活琴瑟和谐、唱和不绝。他们二人，既是彼此的诗朋酒友，又是彼此的知己至交。

日子，被他们二人过得如诗。

在父母之命、媒妁之言为上的年代，他们能获得这样的爱情，真真是天赐良缘了！所以，世人每每提及他们的姻缘，唯剩了艳羡！

也是，他俩之间曾有的美好，就如同她那句“倚门回首，却把青梅嗅”，青涩而温馨。他们那琴瑟合鸣下的婚后生活，更因着“赌书斗茶”的雅事得以千年流传。深情男子纳兰性德，亦曾因他们写就“赌书消得泼茶香，当时只道是寻常”的千古名句。

他们也曾有过小别和相思的。

那是她不得已和明诚小别的时候，她因此写就诸如“一种相思，两处闲愁”“才下眉头，却上心头”的绝世名句来。不过，这样的小别和相思，于那时的她而言决然是甜蜜的。诚如“小别胜新婚”，那时的小别使得他们的感情更为笃深。

生活在这样境况下的她，是多么幸福！

有体己知心的伴侣，有一段平等美满的爱情，亦有着绝世的才华。

若能一直这样至终老多好。

我，亦唯愿她永只属于那个“五更三点望晓星，文武百官上朝廷。东华龙门文官走，西华龙门武将行。文官执笔安天下，武将上马定乾坤”的时代，诚如胡兰成说张爱玲那般。

那个时代就像这个句子里说的那样，午后庭院里的阳光是安稳的。

只是，岁月不居，河水断流。

在我们无法触及的时光甬道里，她还是经历了颠沛流离。

她身处乱世，再没了安稳可言。

王朝倾覆，她和明诚亦被迫南渡。没了安稳时局，南渡之路动荡不堪、暗涌无数，于是她有了深浓的国愁。

国愁，伤不尽她的灵性。

是明诚的溘然离世，让她伤了心、伤了身，如同一朵凋零的落花。

如是，她的生活有了残缺！

“落日熔金，暮云合璧，人在何处”的怅惘，“寻寻觅觅，冷冷清清，凄凄惨惨戚戚”的悲愁，皆是她无尽亦无以排遣的孤寂、凄楚。

如是，家愁、情愁、国愁……

天下的愁，皆存在她的词之情绪里。

而这愁，亦充斥了她几乎半个人生，正如她那句：“这次第，怎一个‘愁’字了得！”

所幸，她始终有着与生俱来的傲骨，她亦始终有着绝世的天资。虽吃五谷杂粮、着凡间衣衫，但抹不去高贵的底色，即便处在乱世，也能永远高贵地静默着。

由此，乱世飘零的凄风苦雨中，她用那“傲骨屹立于天地间”的清丽词句将乱世情怀予以抒写，成就一树树繁茂的文学之花。

成绝句，亦成绝唱！

如是，一首首凄美哀婉的易安词，动人心弦。

我们仿佛能看到她词中的梧桐落叶、黄花消瘦，能听到阶前滴雨、孤雁哀鸣，还能感受到她的孤独失落、悲苦凄恻……而她那瘦削的倩影，正款款地走来。

终明了，安意如所说，英雄美人，原也是想着迎合时代的，必要饱经忧患。

清照，这千古奇女子，亦是需承受“饱经忧患”的苦的。

由此，她才有了“风住尘香花已尽”的留存。

如是，如良辰、若美景的女子，最可用温柔的笔墨来描绘！

目录

Contents

第一章 恍若青荷，清丽婉约

第二章 陌上爱情，她如玉他无双

第一章

恍若青荷，清丽婉约

初初，她若青荷。
清丽、婉约，馨香馥郁。
一如她令人惊艳的好词。

在一个个月明星稀的夜晚，我怀着仿佛与旧情人相见般的心意挑灯夜读。

读，她这样清丽的女子的文字。

透过历史的光影，我竟恍然有甜腻的回忆涌上心头。她，就仿若胡兰成所言的“临水照花人”，映照在我心。

隔水相望。她似仙子，静默着、含羞着、低倚着。

如同路遇心仪的男子般，我心忐忑。

她的故事，缓缓上演。一幕幕，或黑白，或彩色……

青荷，小露尖尖角

宋神宗元丰七年（公元 1084 年）。

时年，朝廷上下歌舞升平。无论百姓，还是官宦，都过得惬意美好。江山迤逦、岁月静美，人们如同在缓缓的小溪流里划行。

山东章丘明水镇，一个如青荷般清丽的小生命诞生了。

隔着千年时光，或许奢华又隆重，或许喜陈盛宴、宾客满席，或许……只是，我无法得见。但是，我知名为李清照的她，在后来的岁月里名动天下令世人仰止。

她出生的家，是个贵族的家、煊赫的家，亦是书香门第。

父亲，李格非，进士出身，学识广博，以文章著名，深受大文豪苏轼的赏识，与廖正一、李禧、董荣并称“苏门后四学士”。刘克庄曾在《后村诗话》里如是称誉他：“文高雅条鬯（chàng），有义味，在晁秦之上。”张耒则如是在他的墓志铭中说：“文叔‘笔势与淇水相颉颃’。”

如此盛赞，虽可能略有些过，却可见时人对他文学造诣的推崇。

诚然，李格非也非平庸之辈。

他于宋哲宗绍圣二年（公元 1095 年）撰写的《洛阳名园记》，是被广为传诵的名篇，其文格调高雅，为人们称颂不已。此外，他还精通经学，其研究成就远超他在文学方面的成就，曾留有十万言的《礼记精义》。清照晚年写的《〈金石录〉后序》亦如是说："自来家传《周易》《左氏传》，故两家者流，文字最备。"于此，我们也可从清照的言辞中看出经学乃是李氏之世业的。

有父亲如此，耳濡目染下的小清照自然非等闲之辈。

她，天资聪颖。古人问："王侯将相宁有种乎？"于清照处，这血统之事无须提，乃是那天生的，如安意如所言——即便隔了千年，亦是那金石之声，铮铮入耳的。

母亲王氏，亦非凡俗。

出身于名门望族的母亲，饱读诗书、能诗善文，是当地有名的才女。

父亲，常年在汴京城，她便常常跟随母亲。闲暇时光，她会跟随母亲研习古词和诗文，还常常缠着母亲，要母亲给她讲各种各样的故事，包括那个居住着父亲的汴京城。

彼时，汴京城于母亲而言，亦是雾里花、水中月，是听过而未曾见过的。

所以，母亲与她讲那里的宫殿，讲万人之上的皇帝，讲车水马龙、繁花似锦的街市，更与她讲多情词客。

由此，京城在小小的清照心里成了承载向往的地方。

饱受书香浸染的她，灵气逼人，如同一片缀着露珠的青荷般，早早地就将其聪慧与敏悟予以显露。

如是清照，是骨子里就拥有着才情的！

盛世，如花初绽

彼时，是宋朝最为繁华的时期。

汴京城内一片繁盛，香车宝马、才子佳人随处可见。文人雅士集聚，或抚琴，或调香，或赏花，或观画，或弈棋，或烹茶，或听风，或饮酒……

应该，没有哪个朝代比之更歌舞升平、盛世繁荣。

七岁的清照随父亲来到了这样的汴京城。

父亲专门在汴京城租好一处庭院，只为和她们母女好好相守一处。

京城的繁华，着实让小小清照惊诧不已。

但见汴京城上下，可谓：千门万户，纷纷朱翠交辉；三市六街，济济衣冠聚集。

关于这样的汴京城，当年流亡江南的孟元老在追忆汴京旧梦的著作《东京梦华录》中，曾用就 10 卷 3 万余字书写汴京的繁华。

在这样一个盛世，杰出的人才自是若灿烂繁星般辈出的。

彼时，李家世代书香门第。

故而当世第一流的文学家中，有不少人与李格非往来甚密，譬如，苏轼门人黄庭坚、秦观、张耒、陈师道等，他们皆极富才情。他们时常聚到一起，或谈古论今，或吟咏诗文。日子即便寻常，也被他们过得惬意非常。

在如此浸染下，小小清照开始向往起这种惬意来。

如是，她开始用起心来，研习诗词歌赋。渐之，天赋过人的她便熟读了诸子百家的文章，精通琴棋书画、诗词歌赋。

如是清照，深得父心。

每每家中宾客齐聚时父亲都会出题考考她，每每清照都不会让他失望，且次次必以其出众的才情惊诧宾客。这样的清照，成了李格非内心的骄傲。后来，每当他和同道中人论诗谈文时，他都会把小清照叫到身边来让其旁听。每每清照必以自己初露锋芒的才情让李格非的友人们惊艳不已。

友人们都非常喜欢小小年纪便可写出庸常文人难及的诗文的清照。他们会对她惊叹不已，然，而后总会生出些许遗憾，憾她竟是个女儿身，若是个男子，说不定将来会成为可堪重任的经世之才。

小小清照，不以为然。

她虽为一闺中女子，但对世事的关注竟是丝毫不亚于父亲和他的友人们的。对于时局，她可以侃侃而谈，并可一针见血地道出时弊。看，她那首应张耒《读中兴颂碑》（此诗借咏开元、天宝遗事来隐喻时政之弊，揭露当朝潜在危机）的和诗：

五十年功如电扫，华清花柳咸阳草。
五坊供奉斗鸡儿，酒肉堆中不知老。
胡兵忽自天上来，逆胡亦是奸雄才。
勤政楼前走胡马，珠翠踏尽香尘埃。

何为出战辄披靡，传置荔枝多马死。
尧功舜德本如天，安用区区纪文字？
著碑铭德真陋哉，乃令神鬼磨山崖。
子仪光弼不自猜，天心悔祸人心开。
夏商有鉴当深戒，简策汗青今具在。
君不见当时张说最多机，虽生已被姚崇卖。

——《浯溪中兴颂诗和张文潜》

这首力度惊人的和诗，是可与李白诗乱真的。

明代陈宏绪曾于《寒夜录》卷下如是说：“《和张文潜浯溪中兴碑》二篇……二诗奇气横溢，尝鼎一脔，已知为驼峰，麟脯矣。”其，对此诗可谓推崇至极！

也是，那一年清照不过是个十六岁的小女子，稚气还在脸上隐现，能有如此之才情，是人人皆会惊艳不已的。

据说，当时学士文豪们均为此惊诧了，渐渐地知晓她这“镂心月空”的小女子是不可小觑的。所以，往后他们在谈古论今、吟咏诗文的时候，总会叫上小清照。

时年，颇负盛名的“前四学士”之一的晁补之更是对清照赞赏有加。

时年，伴随着小清照成长的，还有诸如司马光、苏轼、周邦彦、晏几道等声名显赫的大文豪……

逢着如此文风阜盛而又安乐太平的世道，于清照而言，实在是幸甚之事！

她，亦沐浴着当世的文采光华，如一朵花，才情绽放！

若荷，名动汴京城

帝都汴京，游人如织。

御道之上，是“近岸植桃李梨杏，杂花相间，春夏之间，望之如绣”。

少年清照，正似一株馨香的荷，名动汴京城。

时年，她有“文章落纸，人争传之”之美誉，更有“苏门四学士”之一的晁补之对其爱惜有加。

得如此厚爱，清照自是以其才情与之相宜。

她将自己放逐在一个自由的空间里，悉数将怡情的字眼纳入她的词中，譬如，小酌、金樽、沉醉；譬如，秋兰、芰荷、芙蓉；譬如，芳菲、绝香、露浓……并于此间或跃动，或驻足，或流连。

后世常常将生活如此惬意的清照喻为“花中第一流”，喻示她的才情足以让梅和菊这样惊艳世人的名花感到“羞惭”的。

诚然，名动汴京城的少年清照，是“花中第一流”无疑。

亦是那“夜无明月花独舞”的绝唱。

人说，少年时，每个人都是偌大世界的勇敢探索者。

于少年清照而言，亦然。

她敏感、聪慧，可于夜空中捕捉世间繁星的微光，亦可用心去轻抚春水之痕，还可于月影里寻那花飞落的声音。

在那个以词述情的世界，她将自己，或化为花，或化为水，或化为露……

她，始终用她细腻的、纯真的少女之心，感应着这世间所有的细微。

读她那些惊艳世人的句子时，依稀间，我看到韶华正好的她，正徐徐向我走来，带着若青荷、若露珠般的清雅、淡香。又想起，某日，在一个网帖中看到的清照的画像，画中的她淡妆而素服，斜倚着一块古雅奇石，脸露沉思状。这样的清照，符合我对她的所有美好想象。

我想，画者应若我这般，亦是极爱她的。

不然，怎会刻意在画卷中，大量留白、不着一墨，来烘托她之净美呢！

而我，亦然。

在书写她时，我是这般的小心翼翼、虔诚而卑敬。我想，我是会入她骨的，她的清淡、她的馨香、她的才情，以及她的孤寂、她的颠沛、她的流离，我都会一一悉数地予以体验。

许，诚如她言写的那般："这次第，怎一个'愁'字了得！"

而我，是"这次第，怎一个'爱'字了得"！

清婉明丽，她少时的词

张爱玲曾如是说："出名要趁早！"

诚如是。

十七岁的清照，天分过人的清照，便以一首《如梦令·昨夜雨疏风骤》名动汴京城。

这样的成名，是一帆风顺的，不似爱玲成名历程里充满惘惘的威胁。

这样的成名，于爱玲应是艳羡的。

事实上，不只爱玲，凡世人都会艳羡的。有着万千才情，又能于盛世成名，这样的际遇是多少文人梦寐以求的！

和爱玲比较的话，清照的生命里真的有太多温情的东西了。她的年少时光，就犹如一幅淡雅沁心的水墨山水画，不用再描摹，就可获得几许欢喜，而不似爱玲那紧缩成心口朱砂痣的童年里短暂的温暖时光。

也正因为如此，少女时的清照，写出的词句是率真活泼的，间或有着些许小张扬在其间的。

诚如她那首名动汴京城的《如梦令·昨夜雨疏风骤》：

昨夜雨疏风骤，浓睡不消残酒。试问卷帘人，却道海棠依旧。

知否？知否？应是绿肥红瘦。

那一年，暮春时节。

生活富足闲适，父母开明宽容，故而，她常可与朋友饮酒游玩。无忧无虑、轻巧灵动的情怀，便如暗香浮动了。譬如，这阕词中，用就寥寥数语，她便将一个少女惜花、爱花的细腻、清纯、隽永给刻画得淋漓尽致。

那日，晚来雨狂风猛。恰海棠花正开好，怎知偏逢这一场急雨猛风。如此，娇嫩的花如何能承受？想着愁绪满心，无法入睡，唯借酒来消这“愁”。于是，小饮她爱的酒。不知不觉间，饮多。

睡意亦浓，渐入梦乡。

醒来，已是第二天拂晓，想起昨夜的风雨，忙问正帮自己卷帘的侍女：“一夜风雨摧残，海棠花如何了？”

侍女道：“海棠依旧！”

听后，她摇着头幽幽地说：“你可知道，你可知道，海棠花丛中早已红少绿多了！”

如此小令，被后人赞誉颇多。

宋人胡仔在《苕溪渔隐丛话》中话：“近时妇人，能文词如李易安，颇多佳句……‘绿肥红瘦’，此语甚新。”宋代词评家陈郁在《藏一话腴》中曰：“李易安工造语，《如梦令》‘绿肥红瘦’之句，天下称之。”

除却上面的一阕，“春日迟迟百事无忧，更是自在天真”中，她更是写出这样灵动的词：

常记溪亭日暮，沉醉不知归路。兴尽晚回舟，误入藕花深处。争渡，争渡，惊起一滩鸥鹭。

在溪亭中，游玩至日色已暮。

泛舟，沉迷在这优美的景色中竟忘记归路。乘着夜色，尽兴的他们忙掉转船头，谁知不小心划进那荷花深处。只见鱼儿正在莲间戏水，勾起他们的童心，于是，奋起双桨，却惊起一滩鸥鹭。鸥鹭轻拍白色羽翼划破宁静湛蓝的天空。

水墨画般，由是镌刻她心。

如是，写就这首惊动世人的绝唱。诚如榆生先生在《漱玉词叙论》中赞誉的："娇拔空灵，极见襟度之开阔。"这是一阕灵动万千的词！

在这跃动的词句中，我们亦可"窥看"到一个灵动的清照。

她，不似旧时代笑不露齿的大家闺秀，倒是似现代的飒爽女子。

看过一些资料知，她是可以外出嬉戏的。

想，在微醺中，玩至暮霭悄升，醉至而归，也只有她这种被父辈宠爱娇纵的人才有如此特权吧！

正因为如此，她那些"不谙红尘雾霭，只与清风晓月共婵娟"的词句才可流传千古！成绝唱、成经典，于千年被世人诵读！

安妮宝贝说："一个人对土地和大自然怀有的情感，会使得他与世间保持微小而超脱的距离，会与别人不同。"

纵观清照惬意的年少时光，便可知如此。

她，将自己融入丰盈的大自然中，不知伤感，只知欣喜，在四季轮回的旖旎风光中，踏入等待在前方的那一路繁华。

是如她那一首《如梦令·昨夜雨疏风骤》，成为她一生丰饶之始。

是婉约的、清丽的、绝美的！

第二章

陌上爱情，她如玉他无双

初遇，她已婷婷，
双眸若秋水，人如玉。
恰逢他，世无双。
晨曦微露，如此美好。

“山无棱，天地合，乃敢与君绝！”“问世间情为何物，直教人生死相许”……

自古，写爱情的句子，皆如此惊天动地！

我开始好奇起她和至爱相伴三十载的爱情来。是为情种的纳兰性德曾如是说：“相逢不语，一朵芙蓉著秋雨。小晕红潮，斜溜鬟心只凤翘。待将低唤，直为凝情恐人见，欲诉幽怀，转过回阑叩玉钗。”

让人，相信爱情！

亦让人，对爱情神往不已！

她和他的爱情，便是如“春风玉露一相逢，便胜却人间无数”的充满柔情蜜意！

少女心思，恰如花事

少时成名的张爱玲，是以“穿着锦绣长袍，踏着软底绣花鞋，轻灵地走在曲折楼廊间”的形象，惊艳世人的。

清照，风格迥异。

少女清照，是个婉约的美人。

自小，她接受诗词歌赋的熏陶，一边创作，一边研习各式文艺理论，如此，她不但懂得欣赏美，还能轻巧地驾驭美。这，让她成长为一个婷婷少女。

待嫁闺中，少女清照亦有了些许少女的如花心事。看她那一首深藏少女淡淡忧愁的《浣溪沙·髻子伤春慵更梳》：

> 髻子伤春慵更梳。晚风庭院落梅初。淡云来往月疏疏。
>
> 玉鸭熏炉闲瑞脑。朱樱斗帐掩流苏。遗犀还解辟寒无。

窗外。春寒料峭。

昔日娇艳的梅花已经残落，萧瑟的晚风亦在庭院里留下萧索的痕迹。此刻，风轻云淡，月亮悄然升起，是这样让人心生淡淡忧愁。然，其间隐藏的新春之魅惑，又是如此繁丽，暗藏无限生机。

窗内。玉鸭熏香炉里的瑞脑香料，早已燃尽消歇。

斗帐里掩着流苏，那帐上的犀角却驱寒不成反添了凉。真真是，望之凉意由心生呀！少女心事如诗，幽怨渐升。

应有相悦心欢喜的人在侧，岁华才美！

孤独，亦生。

成长为少女的清照，心里藏了所谓“山盟海誓、天荒地老”的爱情。红尘之中，遇有情人，相知相守、花好月圆，亦是她所渴念的爱情最好的样子。

如是，在一轮又一轮的昼长夜漫中，独自一人的她便有了失落和迷惘。

她不知，自己对镜贴花黄到底为了谁，亦不知画眉为了谁，一身的百媚千娇原是这般无处安放。于是，她写下了这首伤春词，来将自己深闺寂寞的情意寄寓。

不过，词中的幽怨只是淡淡的。

毕竟，她还只是个无所经历的纯真少女。

是生活在那个封建俗世里的人，虽才情很高，但却是得不到施展的。那郊游寻乐之事也只是偶然为之的，如此，在她羞怯的少女心事里，便有了淡淡的寂寞、淡淡的哀愁。

是为“为赋新诗强说愁”。

她会在幽静的小院中，独对闲窗，即便眼帘处全然是那草木葳蕤、花开莺啼的景色。她亦会在百无聊赖中，轻弹一曲琵琶来排遣心里那份无以言说的寂寞。

不过，这寂寞、这哀愁，于她而言毕竟是轻的、淡的，如同烟尘，是可袅袅于她生活之外的。

因为，她是会生活的人，知道如何排遣自己的私人情绪，好的，或坏的，她都能应付自如。如是，在淡淡哀怨寂寞之外，她开始寄如丝情怀于花朵。故而，她写：

暗淡轻黄体性柔，情疏迹远只香留。何须浅碧深红色，自是花中第一流。

梅定妒，菊应羞，画阑开处冠中秋。骚人可煞无情思，何事当年不见收。

——《鹧鸪天·暗淡轻黄体性柔》

此际，她将自己的少女情怀全然融入暗香阵阵的桂花里了。

悠游在山水田野之中，蓦然和这怒放的桂花相遇。初见，她心里就生出了一种相见恨晚的怜爱之情。桂花，不美艳、不娇柔，决然属于那种待在某处不被人注目的类型。

可是，她却爱极了它，爱它的轻黄色彩，亦爱它的暗香弥久，更爱它那种在静默里自生一种美好的秉性。

于她眼里，桂花就是那花中第一流。

只因它不追求繁华炫目，亦不追求万人欣赏，虽“情疏迹远”，却将清雅的香气留存人间。这样的品质，乃是清照十分欣赏的。由是，她以“何须浅碧深红色，自是花中第一流”的桂花自比。

其实，在少女时代，我们多若此际的她，心存美好，对人、对事、对物，皆用一颗美好的心去看待。因，少不更事时最不知什么叫世事难料，亦不知什么是世事变幻。只以一颗单纯透明的心，看待这世间的一切。

由是，心中不由得生出万千欢喜来。

一如，以幽香的小小桂花自比的少女清照。自顾自地，给自己找着欢喜。

有时，我想也许清照的前世就是一株桂树，于人间袅袅、尘世风月中，自顾自地散发着独属于自己的暗香。如是，当我们隔着千万年的时光，观望她的种种时，可闻到她散发出的阵阵幽香！

这样的清照，让我们如何不爱！

与君初识，犹若故人

和张爱玲相比，清照的世界永远是暖的。

无论是在童年、少女时候，还是遇到一个人、遇见一段爱情的时候。

爱玲的爱情世界，永远是荒芜的，遇见的、爱上的皆是无法护她一生周全的人。清照不同，她和生命中缘定三生的男子，是遇见了便“天地初开日，混沌远古时。此情已滋生，代代无终息”的亘古不变。

那一年，汴京城盛世繁华，十七岁的清照，明眸如水、身姿窈窕，一颦一笑皆见清丽。

那一年，当朝吏部侍郎家二十岁的少爷——赵明诚，正以一个“一瞥惊鸿，惊为天人，自此乱了那七尺男儿心扉”的翘首，翘望着于他而言是为正大仙容的少女清照。

前世一千次的回眸，他们于今生相遇！

那日，赵明诚和清照之堂兄李迥外出游玩，恰与相国寺赏花灯的清照路遇。一眼，就惊艳了。于心底，他将清照视为“行走时香风细细，坐下时嫣然百媚”的娇媚女子。

在这之前，他早已熟读清照之诗词，爱慕之心早生。

初见那刻，清照亦生悸动。若初阳下绽放的花，她的心里一片温暖、美好。

缘分天定，是如他们这般，郎情妾意，好似故人。

据说，赏灯归去，赵明诚便用“芝芙梦”的字谜方式，婉转地向父亲赵挺之谈及对清照的爱慕之情。他，迫切地想娶清照为妻。但他亦知，他们之间因为父辈之间的党派之争，有着难以逾越的沟壑。

如是，他便用如此婉转的方式，将自己的心事坦露。

关于此，元代伊士珍在《琅嬛记》中曾如是记载：

> 赵明诚幼时，其父将为择妇。明诚昼寝，梦诵一书，觉来唯忆三句，云：“言与司合，安上已脱，芝芙草拔。”以告其父，其父为解曰：“汝待得能文词妇也，‘言与司合’是‘词’字，‘安上已脱’是‘女’字，‘芝芙草拔’是‘之夫’二字。非谓汝为词女之夫乎？”

说的是，那日明诚做梦，梦中朗诵了一首诗，醒来却只记住“言与司合，安上已脱，芝芙草拔”这三句话，百思不得其解，于是，便向父亲讨教。

赵挺之听后，哈哈大笑说：“吾儿要得一能文词妇也。”

明诚还是佯装不解，赵挺之再向他解释：“‘言与司合’是‘词’字，‘安上已脱’为‘女’字，‘芝芙草拔’是‘之夫’字。如此合起来不正是‘词女之夫’吗？”

而那时，唯有于闺阁之中名动汴京城的清照可与之相配。

身居高位、城府甚深的赵挺之，亦知晓儿子的心意。虽自己和李格非分属新、旧两派，然两人未曾有过什么纠葛或过节，同朝为官，结秦晋之好也是喜事一桩。

如是，择一良日，登李府门为儿提亲。

李格非，素来为人清正廉洁。视清照，从来都是掌上明珠，为着她之归宿，他是从无权衡过自己的仕途前程的。他深知当下可与女儿相配的人并不多，赵明诚称得上是百里挑一的好儿郎。他少年有志，磊落跌宕，是少见的青年才俊。

更重要的，是清照心系于他。

所以，当赵家来提亲，李格非并未拒绝，而是欣然应允了。

由是，一段良缘深种！

真好。

人常说，在对的时间、对的地点，遇到对的人，乃是人生第一幸事。

清照和明诚，最如是。

许是前世宿命。她和他的这一生，是注定要十指相扣、一路前行的。无论盛世、乱世，彼此总会坚守着一个“执子之手，与子偕老”的。

他们二人，亦是“门当户对”的一对璧人。

彼时，他们一家之主官居三品，身在朝廷重位，且政绩突出；一家之主官居六品，于朝中担任礼部员外郎。虽就官品而言，清照父亲李格非不及赵挺之高，但亦是身居朝廷要职的。加之，清照年少就已名动汴京城。

这“门当户对”，是决然算得上的。

和羞走，倚门回首

蹴罢秋千，起来慵整纤纤手。露浓花瘦，薄汗轻衣透。

见客入来，袜刬金钗溜。和羞走，倚门回首，却把青梅嗅。

——《点绛唇·蹴罢秋千》

清照，曾用就这一首无限娇羞的词，来记载她和明诚的浓情蜜意。

人说，近情心怯之。

于春日习习下，逢着明诚的清照而言，如是。

那一日，日光倾城，风柔花美。

草木闲庭院，她着轻罗衣，在绿意盎然的院落里荡起秋千。罗裙飞扬，如同“花非花，雾非雾，夜半来，天明去。来如春梦几多时？去似朝云无觅处”。她的少女心事，亦荡漾！

纤纤手，绮罗衣，满园繁花似锦，只有蝶儿轻飞，投影在她心。

那是一个如梦的美好午后。

鬓角满香汗，如是，“蹴罢秋千”，她于“露浓花瘦”间玩至忘我。

蓦地，一个似曾相识的声音传来，她惶恐起来。

于相思的人儿而言，心爱的人是一场春梦。如是，她的心在听到他的声音时，“嗖”的一下紧张了起来。“寻声踱去”，看到了心爱的人儿，心，便如同惶恐的小鹿！

她，有些不知所措起来。

近情心怯之，他的不期而至，宛如投入她心湖的一粒石子，让她心里涟漪无数。

慌乱中，她忙溜走，金钗斜了，鞋子也顾不得穿上，是如“刬袜步香阶，手提金缕鞋”的深宫佳人，俏丽多情。

只留下一个仓促的背影，印在明诚的心中。

不过，她并没有真的走开。

而是，“倚门回首，却把青梅嗅”。

这样的她，是羞涩又大胆的。

这样的她，是那个时代的异数。

倚门回首，风吹过，幽香阵阵里全都是她的真情意。所以，她躲到门扉之后，悄悄窥他，将自己娇态的、婉转的情思表露无遗。

是的，在和他对视的最初，她便将他镌刻于心。在她心里，他如一阕词。

想来，这样的清照，着实可爱至极。

也是，情窦初开的情愫，如童年时至爱的风筝，虽早已远去，但永远在心底飞旋。那最初的心动，不会随时间、距离而远去，会在心底萦绕、铭刻！

我不禁想起那个十四岁剃度、旋而入主神秘布达拉宫的六世达赖仓央嘉措来。关于爱一个人，他曾写出这样抵死缠绵的句子来：“那一年，我磕长头匍匐在山路，不为觐见，只为贴着你的温暖；那一世，我转山转水转佛塔，不为修来生，只为途中与你相见。”

我笃定，清照活着的“当下”，亦是个爱欲红尘的“当下”。

她和她深爱的他，同样是一个男人和一个女人，于人海之中、于时光之中，蓦然地相遇了。然后，在他们之间上演的亦是那双眸相对、眼波流转、相互惊艳于一瞬间的经典桥段。

所谓爱情，就这般地默默滋生蔓延开来了。

路遇、邂逅、重逢，于她和他而言，是如此地宿命久远。相逢时，除却惊悸、心怯之外，还有令人心动的对视、依恋，以及遥望。

有人写：“我始终相信缘分。人与人之间都有着冥冥之中注定的关联。他不一定是最早出现的那一个，但一定是恰好的那一个。你的能量正好，他的磁场正好，你们的共振正好。那么，事就这样成了，妥妥当当。但是这很难，非常难，却被李清照遇到了。时光待她不薄。”

这样的话语，真真说到了我的心坎里！

诚然，时光真真是待清照不薄。

这点，看日后她和赵明诚挚爱相守近三十年的岁月即知！

爱玲，却没这般幸运。

在初遇胡兰成之前，她如安意如说的“像极一颗外表坚硬的寂寞菠萝，浑身长满了尖刺”。可是，在遇到让她心动的胡兰成时，她便被除下了坚硬的壳，其柔软芳香的内核被暴露在外，再没了自傲和自我守卫。

就此，她爱得乱了方寸，还自顾自地欢喜着。

我有时在想，若不能如清照这般遇见一个深爱自己的男子的话，还真不如做个薄情的人，就如李碧华说的，“薄情最好，互不牵连又一生”。

不过，这世间没有如果。

爱和被爱，都是宿命！

还好，清照的爱情，是爱和被爱的美好相遇。

等一个人，织一张词网

彼时，清照十七岁。

独处深闺，和所有心里藏了爱情的女子一样，将等待一个“爱人”的心编织成一张“网”。

只不过，她的“网”，是诸多深藏着小情思的“词网”。

故而，彼时她的词较“少年不知愁滋味”时多了几分绮丽的为爱的“愁”情绪。不过，这些“愁”依然是清丽的、风神摇曳的、俊逸洒脱的，依然散发着她的热烈多情、旷达豪爽的个性。

诚如有学者说的：“她早期的小令就已显示出了卓越的才华。她自觉学习和继承了自晚唐五代以来婉约派的传统手法，并取前辈诗人之长，因此她的小令有李白之飘逸、李煜之真率、秦观之情韵、民间词之清新，形成了独特风格。”

是的，即便是写情、写小愁，她的词风依然“绝世无双”，亦是“前无古人，后无来者”的。她亦因此用就一个独具一格的“易安体”的惊世格调，在时光里屹立不倒。

尤其，她这为爱而写的闺阁词，更是尽显了各种特质、各种风韵的。

那么，我们且以“人生初见的心动”来看：

小院闲窗春已深，重帘未卷影沉沉，倚楼无语理瑶琴。

远岫出山催薄暮，细风吹雨弄轻阴，梨花欲谢恐难禁。

——《浣溪沙·小院闲窗春色深》

伶俐的她，巧用“小”“闲”“深”三字将空闺写照描摹；亦用“春色深浓，未许泄漏，故重帘不卷，一任暗影沉沉”，来将深埋在情窦初开的少女之心中的春情躁动，托以瑶琴！

由此，她之少女的“哀愁”，便成了一种心境、一种情绪、一种“剪不断理还乱”的情怀……

是“爱情”，亦是“离别”。

这“哀愁”，成了这首词的一个永恒的主题，有李煜《虞美人》中“问君能有几多愁，恰似一江春水向东流”之韵，亦有贺铸《青玉案》中的“试问闲愁都几许？”之味。

是啊。

此际，清照还隐在深闺里；

此际，明诚还未袭入她心坎；

此际，她恨嫁之心已悄然疯狂；

此际，她欲将某人轻放在心底深处；

此际，她在独自凭栏无语的寂寥中生了淡淡哀愁。

如是，她作下这首词，将自己满溢着的少女“情思”铺陈书写。依旧婉约清丽。

对于这首《浣溪沙》，侯孝琼评价得最为精凿：“写闺中春怨，以不语语之，又借无心之云、细风、疏雨、微阴淡化、雅化，微微逗露。这种婉曲、蕴藉的传情方式，是符合传统诗歌的审美情趣的。”

历来，用“梨花”表情愫，亦是文人最爱的寄托之法。

比如，大文豪苏轼：“梨花淡白柳深青，柳絮飞时花满城。惆怅东栏一株雪，人生看得几清明。”再比如，“小杜”杜牧：“砌下梨花一堆雪，明年谁此凭阑干。”如是等等。

不过，像清照这般深沉的却少有。

穿越时光，透过这首词的字句我们可以看到那一刻正寂寞着的深闺少女清照。她明眸皓齿、亭亭玉立，一双俊目散发着淡淡的哀愁；我们亦可感知到她那浓软的女儿家的小心思。

欲给她一个结实的、温暖的怀抱，她却在一瞬间，消失不见。

唯剩下她那些清丽的词句在眼前。

淡荡春光寒食天，玉炉沉水袅残烟。梦回山枕隐花钿。

海燕未来人斗草，江梅已过柳生绵。黄昏疏雨湿秋千。

——《浣溪沙·淡荡春光寒食天》

三月初，宜人、美好。

点燃熏香炉，轻烟袅袅、暖意融融之中，闺中人不觉就和衣而卧渐入梦乡。

醒来后，才惊觉自己带妆而睡。

此刻，熏香已燃尽。

她想，自己定是为这春日之美好迷醉，才睡得如此沉、如此久。

这般想着，依稀间又回到了刚刚那个美好的梦境之中。梦境中，有她不可与人说的少女心事。

如丝，缠绕着织成网。

恍惚间，窗外喧闹的“斗草”嬉戏声传入她耳，她不由得望向窗外，心底生了些许小哀愁。现在已是寒食节，为何还不见燕子飞来的影踪呢？大家只自顾自地玩着“斗草”，为何没有人察觉到江梅花期已过、杨柳正在“飞花”呢？

纷乱的情绪，到底该如何排遣呢？

欲起身到院内秋千处，在黄昏的光晕中荡会儿秋千，谁知，天空却忽然飘起细雨，将秋千打湿。

这情境，让人情何以堪！真真是“无可奈何花落去”啊！由是，我们看到了她的寂寞。

她，细细碎碎地用熏香、花钿、斗草、秋千等少女之物，来将一个深闺少女的绵密心事予以呈现：她愁怨“寒食已到，燕子为何还不归来”，亦愁怨“江梅花期已过，杨柳又正在飞花”，她更用“只言雨中秋千，却道出万千愁绪”将自己的春闺情绪道出。

能如此巧夺天工地抒写“深闺愁怨”，想这世间，唯有清照一人吧！

上述两首词，皆将她少女怀春的情思流露。

在岁月的潺潺溪流中，她犹若一只小鹿，寻寻觅觅着自己的爱情。于是，在她少女的心里便存满了渴念。渴念，能有一个让自己心欢喜的人出现。

如是，她像极席慕蓉笔下在佛前求了五百年的“一棵开花的树”。为了遇见让自己欢喜的人儿，她虔诚地，在最美好的年华，以一颗少女怀春的心在佛前求一段良缘。

真好，良缘深种！

在她的前方，早就有一个叫明诚的翩翩公子，正翘首望向她这厢，亦期盼着能和她有一段尘缘深结。

宿命里，这尘缘早就等在了那里。不是吗？

第三章 岁月静好，盛世欢颜

与他连理结，就此，她成『不落情缘的一个人』，

于岁月静好里，为他洗手做羹汤。

盛世，欢颜。

他们的日子，成一阕婉约的词。

在最好的年华，路遇一个“皎皎白驹，在彼空谷。生刍一束，其人如玉”的赵明诚，于她，是为幸。

曾经，爱玲也在最好的年华，路遇了一个只要“此时语笑得人意，此时歌舞动人情”的情种胡兰成。

只是，她爱的胡兰成真真不是一个爱得热烈专一磊落的人。

就此，他们贴景入心的时光短如流经的溪水，稍纵即逝。

清照不同。

盛世。繁花似锦。

她和明诚两个有情人，对月歌舞，“通宵语不息”，将日子过成了一阕婉约的词。

岁月静好。

时光里，留下的皆是她的欢颜。

她和他，佳偶天成

公元 1101 年，凤冠霞帔，十八岁的清照嫁给了二十一岁的赵明诚。

才子佳人，是良缘！

宴席之上，琉璃盏间，她笑颜若花；洞房花烛，烛光映照下，她妩媚倾城。一对璧人，就此共一窗月色相伴久长。

他们二人，深谙“在天愿作比翼鸟，在地愿为连理枝”的愿景。

如是，婚后，他们除了享受燕尔、情浓外，还共同致力于金石碑刻和文物字画的寻索收藏。闲适时，还饮酒对诗。

生活，遂真真惬意非常。

于清照而言，在这世间能逢着明诚这个人，无论是转过身，还是看着他，都毫无差别的安心。

许多次，在暖阳下，清照望着抑或等着明诚时，都仿佛置身于一首古老的缠绵情歌中。歌声缭绕幽远，让人忘了天上人间。

所谓“连理枝”，我想便是如此了吧！

这一世只愿和一人“桐花万里路，连朝语不息”。于清照而言，如是；于明诚而言，亦然。

明诚确乎是一个“其人如玉”的磊落公子。

他，虽贵为当朝高官赵挺之的三公子，但却不曾沾染纨绔之气。他称得上才华横溢，当得起倜傥正直。对于明诚，清照是不会生厌的，且渐渐地在长久的对视里，有了浓稠得化不开的依恋。似乎，远古时他们就曾为“天上的比翼鸟，地上的连理枝”。

他们，是这样地情投意合。

他们的佳偶天成，在秉持宿命论的中国文人笔下，是被渲染得颇为神秘的。

陈师道在《历山居士集》中言：“正夫有幼子明诚，颇好文义。每遇苏黄文诗，虽半简数字必录藏，以此失好于父，几如小邢矣。”

寥寥数语，就将明诚和父亲赵挺之的关系述明。

时年，赵挺之为新党，是“王安石变法”的忠实拥护者，在政治上与保守派苏轼、黄庭坚等结怨。然，明诚与父亲唱了对台戏，不仅录藏苏、黄的诗作不误，还与元祐旧党的人结为挚友。

这，大大惹恼了父亲赵挺之。

不过，这样的明诚，于时年在京师做礼部员外郎的李格非而言，却是弥足珍贵的。李格非作为“苏门后四学士”之一，最是看中明诚亲近苏门且耿直不阿。当初，之所以同意把清照嫁与他也是因此。

所谓志同道合，他们翁婿二人有之。

幸有李格非的这份明智，才有了明诚与清照这佳偶天成的。

婚后的他俩，恩爱缠绵令人艳羡。他们不仅感情融洽，而且志趣相投，常在一起切磋诗词文章，共同研究钟鼎碑石。在相互激励和学习的日子里，他们度过了一段又一段美好的时光。

只是，光阴凉，落花染衣。

在后来纷乱的俗世里，一切都不那么一帆风顺。因为在他们的生活里，始终隐匿着种种政事。这让多年后的清照陷入不幸的颠沛流离。

或许，这就是人生吧！

好的和坏的，皆有之。正所谓“浮槎来去，福祸相依”！

“元祐党争”，终成了他们这段佳缘被摧毁的因子。分属旧党和新党的李、赵两家，在争斗中皆遭遇了重叠的灾难。

不过，这是后话了。

最终让他们缘尽今生的，还是后来的那场国难。

一场耻辱的“靖康之乱”，带来的是一场浩浩荡荡的南渡，带来的是他们后半生的一场颠沛流离。

他们失了家园，像极了无根的浮萍，没了依傍。

接着，一个人先离开了另一个人，飘浮在天的那一边，留在乱世中的那个人，便孤苦无依地独自存活着。

那凄凉境况，真真是不堪回首的。

不过，即便遭遇了如此不幸，清照依然可以自己斐然的文采，独自傲然于那乱世中。因为，她的心中始终有爱，对明诚的爱。也是，再是坎坷的人生，只要有爱，便会心生欢喜的。即便爱人不在身边，也还是有美好的过往可回味的。

我想，那时独活在乱世中的清照，应是仰赖着对明诚的爱意、思念及回忆坚韧地活着！这仰赖的力量之大，应也是我们无以揣度的吧！应只有心存清照对明诚般爱意的人才会懂吧！

我深爱的爱玲，应会懂这样的清照。

因她和清照，在心意之外的层面上，决然同属于一类人。爱玲犹如《红楼梦》里的妙玉，虽“可怜金玉质，终陷淖泥中”，却内心坚韧，无摧无损。

所以，她决绝地嫁给了爱情，获得了再无静好的余生。

由此，世人在她逝去后读她时，便只落了个“不知不识，未曾为这繁华富丽心生了惊怯”的唏嘘。

清照的姻缘，则不然，虽也曾动荡不安、颠沛流离，但你看后仍会心生几许艳羡的。

因，是如此的佳偶天成。

“于千万人之中遇见你所遇见的人，于千万年之中，时间的无涯的荒野里，没有早一步，也没有晚一步，刚巧赶上了，那也没有别的话可说，唯有轻轻地问一声：‘哦，你也在这里吗？’”

这，是爱玲写的句子。

只是，在时光的无涯荒野里，她遇到的是“永结无情契”的人。

清照，则不然。

她完美地演绎了这最好的时间的相遇。

没有早一步，亦没有晚一步，她和明诚在岁月的光影里，刚巧赶上了彼此。如是，他们顺应情缘地结合在一起。

如是，他们这一对璧人，在那个年代里相知相守。

他们常常一起搜求金石字画、研读古书，闲暇时，亦会一起饮几盏小酒、填几阕小词。

庭院晓光，情趣、风雅。

也是常有小别的。

彼时，明诚作为太学生，只有每月初一、十五才能回家。如是，他们有着这样或短或长的小离别。不过这离别于他们的婚姻却并非坏事。

正是这聚少离多的小日子，使他们的感情更为深笃。

也是，离别最能滋生相思。

由此，他们二人虽同在一个汴京城，却仍觉得如同隔了迢迢云汉般远，那蚀骨的相思时刻啃噬着他们的心。

也因此，每每重逢他们二人便都爱煞了彼此。

话说，某一年的上元佳节，恰是明诚回家探亲的日子，他急匆匆地赶回家，刚坐进书房，就有丫鬟来报，说有一位太学来的青年公子求见。话音还未落，一个眉清目秀的公子就翩然而至。

只见这公子头戴绣花儒巾，身着湖蓝色棉袍，足蹬一双粉色底的缎靴。

其风度，决然翩翩。

明诚忙起身，于茫然中忙询问其尊姓大名。在他的记忆里，还从未有如此风貌的同学。

公子并不直接答他的话，而是举止潇洒地还了一揖，才道："小生和兄台素有同窗之谊。半月不见，吾兄为何如此健忘？"

此际，明诚才于定睛细看下，醒过神来，不觉哈哈大笑起来。之后，他一把扯过女扮男装的清照，用抓痒的方式来"惩罚"如此恶作剧的她。

经她如此恶作剧之后，明诚更爱带着女扮男装的她去逛大相国寺。这样可以省却许多麻烦，毕竟清照貌若海棠，还是很招惹人的。清照自己呢，更觉自在，每每都玩得十分尽兴。

关于他们婚姻生活的甜蜜，清照曾在《〈金石录〉后序》中如是记载：

赵李族寒，素贫俭。每朔望谒告，出，质衣，取半千钱，步入相国寺，市碑文果实。归，相对展玩咀嚼，自谓葛天氏之民也。后二年，出仕宦，便有饭蔬衣练，穷遐方绝域，尽天下古文奇字之志。

如此，在娇嗔中将自己初婚之心绪和盘托出，若不是郎君可意、两情相悦，又怎会心生此等好情绪呢！

那时的他们，端的是“妾如花绽放，君似雨露滋。两情和缱绻，缠绵自有时”。美好得令人万千艳羡。

故而，清照才写出如此词句！

看：

晚来一阵风兼雨，洗尽炎光。理罢笙簧，却对菱花淡淡妆。

绛绡缕薄冰肌莹，雪腻酥香。笑语檀郎，今夜纱橱枕簟凉。

——《丑奴儿·晚来一阵风兼雨》

曾经，有道学家笃定地认为如此直白的词句，断然不会出自端庄的她之手。可是，他们却不知晓沉浸在柔情蜜意之中的女子的真心意，其实皆是那“低至尘埃的花朵”。

情绪、感知，皆是自然的、一触即发的。

想她和他在情意渐生的好年纪里，连理相结，时相伴外出搜寻金石书画，时相依闺房内斗智赌茶、诗词唱和。如此缱绻旖旎，怎就不会写出如此两情相悦的缠绵词句呢！

那时节，她还未曾要承受来自世俗生活的琐碎和家庭的纷扰，一切刚刚好，一切皆惬意。所以，她云鬓斜簪犹带彤霞晓露之痕的鲜花，倾泻出徒要教郎比并看的任性。

是这样被娇宠的可人儿。

写到这儿，我才深刻领会到《诗经·卫风·木瓜》中的深意，原是字字锦：

投我以木瓜，报之以琼琚。
匪报也，永以为好也！
投我以木桃，报之以琼瑶。
匪报也，永以为好也！

投我以木李，报之以琼玖。
匪报也，永以为好也！

亦深刻明了《诗经·邶风·击鼓》中的诗句，皆是字字缎：

死生契阔，与子成说。
执子之手，与子偕老。

在这些字字句句里，所述全然是那闪烁的璀璨星辰，流溢的全然是那暖暖的光。蓦然回首，发觉能有一人在侧，并可两情相悦地携手走过漫漫人生路时，心底涌动的全都是甜腻的眷恋！

彼时，清照应如是。

要不，她怎会写出这样的词句呢：

雪里已知春信至，寒梅点缀琼枝腻。香脸半开娇旖旎，当庭际，玉人浴出新妆洗。造化可能偏有意，故教明月玲珑地。共赏金樽沉绿蚁，莫辞醉，此花不与群花比。

——《渔家傲·雪里已知春信至》

她，将自己巧妙地化作那一树梅花。玉树琼花，在明月分辉、花月相照之际，又将自己美好的婚姻寓于这花好月圆之中。就此，将她和明诚之间的两情相悦，隐寓在这世间美好里。

如此，真好！

偶尔，他们还会邀请朋友一起饮酒品茶，所来皆“谈笑有鸿儒，往来无白丁”，全然和他们是同一类人，有品位、有情趣、饱读诗书。

更多的时候，是他们二人赌书泼茶的快乐时光。每每饭后，他们都一起烹茶比赛“赌书”：一人来问某典故出自哪本书哪一卷的第几页第几行，若对方答中就可先喝茶。只是，赢的一人往往因为太得意而把茶水泼洒一身。就此，这雅趣成千古佳话。

后来，纳兰性德曾赋诗：“赌书消得泼茶香，当时只道是寻常”来借这恩爱缠绵，追忆他和爱妻的和美生活。

她自己亦在《〈金石录〉后序》中如是叙述了这美好生活：他们二人每夜都会在工作完成后点燃一支蜡烛，有时整理书籍、有时加以题签，时不时还以工作来打赌。

这真是世间最别具风趣的闺中之乐事呢！

叫许多红尘中有爱的男女艳羡！

清寒，亦爱浓

我爱的七堇年写：“缘分皆朝生暮死脆弱如露水，唯独与你，像是一条生生不息的河流。”

在无数个月明星稀挑灯夜读清照的日子里，心底都在翻涌这句子。

如是言之凿凿，让人幡然醒悟。

是的。我们这一生，会路遇无数人，然能路遇一个可以和自己两情相悦、生死契阔、执手偕老的人，却太难得。如是，可与之生生不息，如同河流，相交相融。

有为公子明诚，于耽溺在爱恋中的清照而言，便是这生生不息的河流。要不，她怎会这般甘愿陪同他在清苦中购书、猜字、泼茶，将生活过至风雅有趣呢！

后世将他们这段生活称为“暂离升沉荣辱旋涡后的一湾宁静”。

是如此，不然余秋雨不会如是评说，“他们此时此地所达到的境界，好像已经参破红尘，永远不为是非所动了”。

说来，清照和明诚在搜集字画的日子里，确实清寒。

这是因为，搜集那些古董字画，最是消耗钱财。或许，有人会生出疑问来，说，如是的两个人皆出身官宦人家，父亲皆是当朝的大官，如此，怎会为钱财所累？

殊不知，他们的父亲虽贵为三品和六品，却皆对子女教育甚严，好吃懒做、养尊处优的戏码绝对不会出现，因此，他们婚后所得积蓄都是靠自己。加之，彼时明诚还是个太学生，无甚收入，即使后来毕业了也不过是个小官，收入很有限。

由此，他们在生活中其实是很清贫的。

因为党派之争，明诚本就跟父亲赵挺之关系紧张，想得到父亲太多的接济也不大可能。

所以，为了搜集到更多他们钟爱的文物古董，他们是想尽了办法的。诚如清照在《〈金石录〉后序》中记载的：当时，每到初一、十五这两天，他们二人都会去当铺当衣服，一般会换来五六百钱。之后，他们便兴高采烈地结伴到东京汴梁有名的大相国寺去。

大相国寺，乃是当时闻名京都的古玩市场。

据说，那儿还是《水浒传》中大和尚鲁智深倒拔垂杨柳，和英雄林冲相会的地方。事实上，那儿亦是深受皇帝关注的京城最大的寺庙，在那里常常会举行庙会之类的活动，因此汇聚了众多古今名人的金石碑刻字画。

所以，他们夫妇二人便经常逛这繁华的市集，拿着典当得来的为数不多的钱，精心地选购他们心仪的宝贝。

因为银两有限，颇有伤怀的时刻。

据说，有一次有人拿着南唐著名画家徐熙的一幅《牡丹图》，向他们二人兜售，要价二十万。这相当于明诚两年的薪俸。所以，当时的二人虽对此画喜爱非常，但也因着这样高额的价格退却了。

由是，心底留下深深的遗憾。

关于此事，清照在《〈金石录〉后序》中亦有所记载："尝记崇宁间，有人持徐熙《牡丹图》求钱二十万。当时虽贵家子弟，求二十万钱岂易得耶？留信宿，计无所出而还之。夫妇相向惋怅者数日。"

不过，清照说，虽然这样清贫，但他们二人的生活却好似"葛天氏之民"，是单纯而快乐的。

所谓"葛天氏"，乃是上古部落传说中的酋长。

相传，在他的部落中老百姓皆纯真朴实，过着悠闲自在的生活。清照于此，用"葛天氏之民"来自比，意在喻他们夫妻的生活虽清寒，但过得却是令人愉悦、高雅脱俗、淡泊自在的。

在世人眼中，这样的清照和明诚，将日子过得似"神仙喝仙露"。爱意浓，可不食人间烟火。诚如她自己说的："不戚戚于贫贱，不汲汲于富贵。"是这样安之若素。

于明诚呢，荣华富贵更非他所艳羡。

他真正艳羡的是那些大家的美文、名家的画作，还有那笔墨古朴玄妙的金石文字。

这是他终生痴迷的事物。

世人常叹，在不准自由恋爱，要靠媒妁之言、父母之意的封建时代，他俩能有这样的爱情结局，真是天赐良缘、百里挑一了。

我亦认同。

想，她那夫婿虽文才不及她，但也是一位翩翩公子。新婚之后他们便顺理成章地成了彼此的文学知己，除却切磋之情调，更多的是情投意合。更为难得的是，他们还有着一项共同的事业，即对金石的研究。

若是，跟将爱的缺失转化为"财迷的担当"的爱玲相比，我更认同清照摒弃物质而追求精神和情感的美好。

事实上，清照终其一生所追求的，从不是物质上的享受，而是精神和感情上的升华和共鸣。

如此说来，她这样的女子，决然是一个重情之人。

隔着千年时光，我们皆对她产生了浓郁的敬羡。

也是。

一个女子，若是心中有一份浓稠的爱，便会心无旁骛，若一枝鲜嫩的荷，始终伫立在有爱相伴的水中央。

且，可长久地甜蜜着。

这样的清照，会让人想起安妮宝贝写过的美好画面：“一些年之后，我要跟你去山下人迹稀少的小镇生活。清晨爬到高山巅顶，下山去集市买蔬菜水果。烹煮打扫。生儿育女。午后读一本书。晚上在杏花树下喝酒，聊天，直到月色和露水清凉。在梦中，行至岩凤尾蕨茂盛的空空山谷，鸟声清脆，树上种子崩裂……一起在树下疲累而眠。醒来时，我尚年少，你未老。”

爱里的清照，绝不会出现简媜句子里的深邃冷寂，更不会有那“旦夕之间，情知对于生命的千般流转，尽须付与无尽的忍爱”“深情即是一桩悲剧，必得以死来句读。你真是一个令人欢喜的人，你的杯不应该为我而空”。

关于这爱的绝望，千年之前的清照是未曾体味的。

她所期许的，是和她深爱的人一起，煮茶对诗、寻石录文……

无家财万贯，又如何？

要知道，他们这样的生活，才是真正的神仙眷侣的生活！

至于相处，他们之间也绝不是一般概念里的朝朝暮暮、形影不离。结婚最初，明诚做太学生，每月只初一、十五才可回家；后来，明诚毕业为官，他们也不曾日日夜夜耳鬓厮磨、朝夕相处。

于他们而言，最好的爱情的样子、最好的婚姻的样子，是志趣相投。譬如，一起进行诗词文章的创作，一起搜集整理金石碑刻，一起鉴赏品味文物字画，如是等等，皆是牵系他们的纽带。

也是。

整日里，若全然是对着一个人有情，再是相爱的两个人也会在日久里生腻的。

而他俩是我们婚姻生活最好的榜样！

真好！

盛世，欢颜

盛世，欢颜。

这是新婚里的清照和明诚给我们的最美好的意象。

确实，新婚之际的他俩，始终沐浴在暖软的情愫里。就此，她的词情世界，全然是那“门墙边，老树浓荫，曳着天风；草色釉青，三三两两的粉蝶梭游”。

如是，美好！

所以，我们得以看到她这华美的词句：

卖花担上，买得一枝春欲放。泪染轻匀，犹带彤霞晓露痕。

怕郎猜道，奴面不如花面好。云鬓斜簪，徒要教郎比并看。

——《减字木兰花·卖花担上》

透过光影，我们看到一个可爱、娇媚的清照站在晨曦中，娇羞的模样让人甚是欢喜。

应是婚后一个冬末的日子，她和他结伴到了市集。

见兜售的梅花艳得似隐匿的“春欲放”，于是，他们便从卖花人的担子上选购了一枝。梅花甚美，尤其是那花瓣上轻缀着的小小露珠。明诚看了，忍不住对其赞赏不已。

清照，因是女子，所以，小心眼起来，竟莫名地嫉妒起这梅花来。

于是，用娇嗔的软语对明诚反问道：“奴面不如花面好？”毕竟是大家闺秀深养成，稍嗔后，她便释然，轻轻地将梅花折下，斜斜地插到自己的云鬓中，并调皮地带着撒娇的意味探着头让明诚细细端详，看：究竟是花漂亮，还是她漂亮？

如此一番，明诚被弄了个啼笑皆非。

如是，我们得以从这字句间，看到清照和明诚婚姻生活里充盈着的美意。诚如，她这笔端描述的日常生活的片段。

想起，乐府诗里有一首与此意境相仿之作：

牡丹含露真珠颗，美人折向庭前过。
含笑问檀郎，花强妾貌强？
檀郎故相恼，须道花枝好。
一向发娇嗔，碎挼花打人。

——《菩萨蛮·牡丹含露真珠颗》

这嬉戏的画面，可见古今都有。

也是，凡女子哪有不爱美的，又有谁不希望自己在情人心中娇美胜花呢？

那刻，清照亦然。

所以，她会对明诚娇嗔。

这是多么真实的生活画面呢！

明诚，在看到戴着娇艳梅花的清照时，心被触动。此际，妙龄的妻子，在他的眼中便似这枝初绽的梅花。

美艳动人，不胜娇羞！

真真是，亲爱的生活。他们吃五谷杂粮、谈人间恋爱，过寻常幸福的小日子。

对于这首妙趣横生、意境旖旎的词，才子唐伯虎喜爱有加。他曾以一首《题拈花微笑图》承袭了这首暖意融融、似杨柳风的意境：

昨夜海棠初着雨，数朵轻盈娇欲语；佳人晓起出兰房，折来对镜比红妆。

问郎花好奴颜好？郎道不如花窈窕。

佳人见语发娇嗔，不信死花胜活人；将花揉碎掷郎前，请郎今夜伴花眠。

再看清照另一首饱含浓情蜜意的词：

绣面芙蓉一笑开，斜飞宝鸭衬香腮。眼波才动被人猜。

一面风情深有韵，半笺娇恨寄幽怀。月移花影约重来。

——《浣溪沙·髻子伤春慵更梳》

爱中丰盈，她将自己幻化为一位韶秀的女子。

在月色朦胧、花影摇曳之中，她和自己的心上人相邀在园中约会。幻境中，一个脉脉含情的痴情后生，一个含羞带媚若芙蓉绽放的多情少女，他们在眼波的流转中，依依惜别，并用一纸素笺诉说对彼此的幽恋。

这次第，于甜蜜婚姻中的清照，是向往非常的。

她和明诚虽柔情缱绻，但是，久了亦会生“审美疲劳”的。于是，她雀跃着用这样的意境，婉约地调动着她和明诚之间的情趣。

事实上，她这一调动，即用却自己登峰造极的词句将她和明诚之间你侬我侬的情晕染开，使得两人之间的情愫如晨曦间初绽的花蕾，娇俏灵动，想不心动、不爱之、不怜之都难。

如此看来，将情词写得抵死缠绵的清照，亦可在生活中将爱恋给演绎得抵死缠绵。

这期间的她，在盛世；爱里亦美好，全然是欢颜。

真好！

第四章

一种相思，两处闲愁

如许的流年里，
她和他，亦免不了分离。
于是，相思成了绵延的牵系。

流年光景，因时局张爱玲和胡兰成有了分离。

在此之前，决绝嫁于胡兰成的爱玲从没想过“夫妻本是同林鸟，大难临头各自飞”，她只是想乱世里也和他一起不离不弃。

是这样，爱得笃定。

可是，他爱上了别人，她，便自行萎谢，“彻底凋零，不再盛放，寂寞得如同绝壁的海棠”。

清照的世界，未曾经历这些。

虽然也有别离伤痛，但是明诚暖心，非凉薄之人。即使，在天涯相隔里，他们的心也永在一起。

他们这一对璧人，始终爱着彼此。如同一段经文，他们早已镌刻在了彼此年轻的生命里。

这样的爱，爱玲想必是曾艳羡过的吧！

不只爱玲吧，这世间女子皆艳羡。想，爱情这东西最是经受不住时间和距离的考验。

诱惑、情欲，素来是情爱的天敌。

不是吗？

还是清照和明诚好。虽有离愁，但爱意多。

梨花染，初离别

岁月不居、河水断流，命运的磨难发生时，任谁都会在一抬头、一回首的刹那间，慌了神。

清照，如是。

当父亲遭遇变故，她着实成了一只惶恐的兔子。

她，似哑了般停滞在那儿。

父亲的变故，发生在她婚后第二年，即公元1102年。彼时，朝廷内部政治形势恶化，一直坚持平衡党派关系的宋徽宗，因受到新党领袖蔡京的影响，决定再次全面推行新法，并把蔡京提拔为宰相。

就此，以苏轼、司马光为首的守旧大臣，被划为元祐旧党。

七月，蔡京上书弹劾旧党朝臣。

八月，赵挺之进尚书左丞（左副相）。

九月，诏籍元祐、元符党人，由宋徽宗亲书，刻石端礼门示警。

由是，新党和旧党之争如火如荼。

其实，自“王安石变法”后，北宋政治上就一直存在着新、旧两党之争。旧党执政时，竭尽全力排斥支持变法的新党；新党当政时，竭尽全力排斥反对变法的旧党。

不过，新党手段至为残酷卑劣。

这是因为旧党人物多为品德高尚的士大夫之类，而新党则多为精于钻营的奸佞小人。

以蔡京为首，他们相互勾结，建立了一个不择手段的政客集团。被重用后，蔡京更是不择手段地打击报复“元祐党人”。一时，朝堂上下被他们这帮所谓的新党弄得一片腥风血雨。

为了铲除“元祐党人”，他们下令立“党人碑”，即将旧党人物的姓名刻在石碑上来警示世人。实际上，这完全是他们诬蔑旧党为奸党的卑劣手段。这样的“元祐党人碑”，在当时确实引起了朝野的震惊，许多正义之士纷纷出来反对新党的这一倒行逆施之行为。可是，社会舆论的力量毕竟敌不过当权的政党。

他们对“元祐党人”的迫害行为，依旧疯狂。

在这场浩劫般的迫害中，清照的父亲李格非被卷入其中。

缘由是李格非为苏东坡的门生。

作为元祐年间的元老重臣，苏东坡被新党看作旧党的领军人物。由是，在这场新党倾轧旧党的政治斗争中，身为苏东坡门生的李格非不可避免地被划入“元祐党籍”之中。

老天，作弄。

公公赵挺之，却因政治上攀附权臣蔡京，成为新党集团的干将，一路攀爬到了尚书右仆射（右丞相）的高位。

本是亲家的赵、李两家，被政治无情地变成了势不两立的两派。

父亲遭难，清照自是当仁不让地救父亲。

首先，她想到的是官居要职的公公。她欲用“何况人间父子情”的人间真情来打动公公，便冒险上诗于公公，请求他设法营救父亲。然而，为保全自己官位的公公，对此未予理睬。

公元 1104 年（崇宁三年），父亲李格非终被罢官，逐出京城。

清照，再次冒险上诗公公。为救父亲，也为表自己的义愤，她在诗中写有“炙手可热心可寒”一句。此句运用了杜甫《丽人行》中“炙手可热势绝伦，慎莫近前丞相嗔”的讽刺笔调，把蔡京集团比之为历史上臭名昭著的杨氏集团，并斥责飞黄腾达、权高势重的公公冷血得让人齿寒。

如此刚烈、如此果敢，想必也就“易安”一人了。

要知道，那时她新婚不久，在那个封建古训的窠臼里就做出如此干预公公的事。

由此亦可见，清照对父亲的爱是颇深的。

我突然想起毕生所得父爱都很稀薄的张爱玲来。张爱玲，对于父亲是爱多，还是恨多呢？我无从猜测。她这个心思缜密又敏感的女子，对于父爱从来都三缄其口。

这是因为她在索取父爱的路上，始终是小心翼翼的。

不过，我想若是她父亲遭此一难，刚烈的她亦会若清照这般毅然决然的。因为，父亲在她心底从来都是血脉相连的牵系。所以，日后成长为大人的她开始爱慕大她好多、能给她父亲般感觉的男人。比如，胡兰成；比如，赖雅。

因着上诗于公公，如胶似漆的清照和明诚有了婚后的第一次分离。

也是，在那样一个礼教森严的封建社会，她一个新过门的儿媳竟然以“人间父子情”“炙手可热心可寒”来斥责公公。在那个时代，这实属不可原谅。

如是，原本充满柔情蜜意的家，刹那间成了一个她全然陌生的大家庭。里面，住着难以亲近的公公、严厉审视的婆婆、钩心斗角的妯娌、搬弄是非的下人……

虽然，夫君依然待她如初，但是，她还是有了深深的被孤立后的凄凉和哀怨。

她和明诚，也由此陷入了一个至为尴尬的境地。

后来，清照离开了赵家，回到老家的百脉泉边暂居。

离别，磨难。

那时，应是让一直处于温室的清照初尝了人世无常，就如同适逢战乱的爱玲那样，心生了“这是个乱世”的感叹吧！

世事变幻，人情冷暖。

在短短的光阴里，目睹了人的自私及无能为力，便明了什么是浮华了。自此后，她再不将什么名誉放在眼里，因为她明白一切繁华终将过去。如果心存了太多期冀，便会不可避免地受到惘惘的威胁。

少妇清照的词中，由是多了以往没有的深邃。且看这一首《行香子·七夕》，即可知晓。

草际鸣蛩，惊落梧桐，正人间、天上愁浓。云阶月地，关锁千重。纵浮槎来，浮槎去，不相逢。

星桥鹊驾，经年才见，想离情、别恨难穷。牵牛织女，莫是离中。甚霎儿晴，霎儿雨，霎儿风。

因“元祐党争”，她和明诚有了分离，虽然这样的分离是初次，但却足以让她心力交瘁。

此际，正逢七月初七牛郎织女相会，清照的伤感瞬间滋生，某些对明诚的思念就更深浓了。她觉得，自己如同在荒凉的尘世中的盲人，无所依傍、无所搜寻。一切，都看不清。希望、温暖，早已不见踪迹。她是这样的茫然、不知所措。于是，在无助中她深陷一种寂寞的恐慌。推开窗，她感觉不到天际间有一丝的温暖；她静听杂草丛间的蟋蟀鸣叫，听到的全是寒意；院落里的梧桐叶，更应景应情地簌簌飘落着，只落得她心更空茫。

这样的情景，让她甚觉七夕是为天上人间离愁别怨最浓的日子。

悲愁满，蔓延她全身。

她仰起头望天，遥望那厚重的云，猜测那大约就是牛郎织女相会的天河处。不由得，心中感叹“咫尺若天涯，天涯又近咫尺”，只是没有真正的相逢。毕竟云阶月地里，他们仍被千重关锁阻隔着。那每年一度的浮槎（所谓浮槎，即为传说中来往于海上和天河之间的木筏），不过是虚晃的点缀罢了，真帮不了牛郎织女长相会的忙。

因它“搭的桥”，只一时，决然不是一生。

由此，这“星桥鹊驾，经年才见”的相会，于牛郎织女而言，是决然不够将心中长久的离情别恨说尽的。一如杜牧说的那般：“云阶月地一相过，未抵经年别恨多。”（杜牧《七夕》）

想着这样悲情的牛郎和织女，清照心里的悲苦更深了，并渐生了强烈的隐忧。她甚觉这世道决然是“霎儿晴，霎儿雨，霎儿风”变化莫测得让人心生恐惧。如此，她竟有了“现在的牛郎织女，不会是在分离中”的臆想。

这样的清照，是患得患失、毫无安全感可言的。

也是，任何女子若是和心爱的人不得已分开，都是会患得患失的。前路茫然，不知相逢之日在何时，亦不知相爱的心会否有变化。猜测、狐疑，成了心头的孽障，搅得日子无以安宁。

清照，是女子，亦有着这般的猜测、狐疑的。

所以，她在那一年的七月初七，败给了猜测、狐疑，以及相思、离情之悲苦。她，还败给了回忆，那些和明诚耳鬓厮磨、缠绵悱恻的回忆，由是，她更加感觉不知何时才能找回这回忆中的美好。因为，她和明诚的相逢之日，是如此渺茫、遥遥无期。因为，那“元祐党争”带来的伤害，于她和她的家人，都似一块难看的烙印，镌刻在那里。

无以抹去，成了疤痕。

可是，毕竟是女子，再是才情四射，亦无法逃脱如雨的思念。不因“嫁鸡随鸡，嫁狗随狗”的俗念，只因内心丰盈的缠绵。

这，让她无以排遣了。

由此，心里涨满了愁绪，无以能诉。唯有用这词来表达了。她的悲情、眷念……

她，将它们一一诉说，毫无保留。

因她是这样爱着明诚。

爱一个人，相思亦苦

“我只是一个安分的女人，想与一个人，发展一段单纯的感情关系，何以世皆不容我？”

这是，将文字写至荒凉的黄碧云所写的句子。

每每读之，心中都会升腾起莫名的凉意来。

有人曾说，黄碧云这个冷然的作家，把人生写得太过悲凉了……

这样的论断，我亦认同。

曾经，她亦言之凿凿：“爱是种姿势，恨也是，聚散也是，升华与沉沦都是。到了所有一切都离异了，便只剩得一种空洞的姿势。”

如是说，相思亦是一种姿势。

诚如那时的清照，不再和深爱的人卿卿我我、厮守旖旎光影。离愁来了，幽怨亦接踵而来。

由是，我们在她相思成灾的姿势里，看到了这样哀怨的词句：

帝里春晚，重门深院。草绿阶前，暮天雁断。楼上远信谁传？恨绵绵。

多情自是多沾惹，难拚舍，又是寒食也。秋千巷陌人静，皎月初斜，浸梨花。

——《怨王孙·春暮》

明诚，不在身边。

思念，就此在她心底浓稠得化不开。

也是。自古以来女子最是痴情，男子可以为了事业、理想，而暂将爱情放置，可女子多不能。

我们的女词人，清照亦然。

在相思成灾里，她有了深的哀怨与忧愁。

就此，暮春的黄昏，虽诗意浓，还有吹面不寒的杨柳风，然于清照而言却是没有多少惬意的，只因明诚不在身边。

凭栏而立，深深庭院的楼上，她不敢深想，亦不允许自己再想。怕，怕无望涌上心头；怕，怕恨意深生。

如是，唯一能做的，就是将这情绪用就才情来演绎。

因她深知，凡有相聚，就会有别离。

人生千百年来，皆如此！

可是，即使这般明了了，又如何？她，仍是不能够做到洒脱的。她的哀怨、思念如同那秋日的风时时萧瑟在心头。

爱中的女子，似这般吧！

和明诚结婚，才不到两年光景，他们就经历了这不得已的分离。于她而言，是为劫难。

不愿，但亦是要接受的。

自此，她的世界空茫一片、晦暗不明。

她觉得自己成了一个没有未来的人，寂寞地怀想着她和明诚曾经的美好。

就此她写下“恨绵绵”的伤情字句。

闺怨，她亦是有的。诚如，王昌龄曾写过的闺怨：“闺中少妇不知愁，春日凝妆上翠楼。忽见陌头杨柳色，悔教夫婿觅封侯。”（《闺怨》）她，虽不似王昌龄笔下一心想让夫婿封侯拜相的女子，但那闺怨的心境却是相同的。

故而，我们在这“恨绵绵”的词境里，看到了一个深陷旖旎相思中的清照。

且看，被雁鸣声惊扰的她，幽怨地抬头望天，见惊鸿飞过，孤寂的思念就更深了。想起鸿雁可传书的传说，就更心生失望了。“鸿雁传书”，不过是个美丽的传说罢了，她的见不到尽头的思念是无法给传递出去的。

“恨绵绵”，就此深生！

暖风习习，又到了杨花漫天飞舞、乱沾衣的恼人季节。这季节，最易生情愫，也易生思念。

可是，又能如何？

春去秋来、花开花谢，这大自然的规律自有节律，谁也无法更改。

罢了，就这般吧！

又到寒食节，夜阑人寂，就让思念蔓延开来吧。静看秋千于风中孤单摇摆；静待露水浸染梨花蕊吧！

皎洁月下，就让自己相思成灾吧！

如深渊不见底，如露水浸透梨花，浓稠而盛大。

张爱玲也是会相思的。

那日，她对胡兰成说：“今晨你尚未来，我一人在房里，来了只乌鸦停在窗口，我心里念诵，你只管停着，我是不迷信的，但后来见它飞走了，我又很开心。”

安意如说，这样眷念的爱玲真是叫人心酸。

谁说不是呢！

这世间，古往今来，女子的爱从来都是那“江心月，安静原始地存在着”，任谁也逃不过的样子。就比如，善写宫装华服女子的温庭筠用艳丽辞藻渲染女子的心思：“心事竟谁知？月明花满枝”，一语道尽淋漓处。

相爱的人，都难免相思，且爱愈深，思念愈切，诚如歌词唱的，“曾经心无碍/情如海/因为相爱让彼此存在/如今风不来/花不开/剩一片相思成灾/总在夜未央/天未白”（刘德华《相思成灾》）。

这相思的苦，于爱得缠绵的清照和明诚更是煎熬。

“多情自是多沾惹”，最生怨时清照写出这样哀怨的句子。对于相聚不能，她心亦生了寂寞，“又是寒食也”，这深的寂寞，很是冷寂。

不过，她还是心存爱意的。所以，在哀、怨之后，心里还是生出了几许美好的希冀来的。如是，她语曰“秋千巷陌人静，皎月初斜，浸梨花”。

月华美好，梨花浸染，这世间除却相思原是这般美好的！

这样的清照，让我们看到如此美好的词：

禁幄低张，彤阑巧护，就中独占残春。容华淡伫，绰约俱见天真。待得群花过后，一番风露晓妆新。妖娆艳态，妒风笑月，长殢东君。

东城边，南陌上，正日烘池馆，竞走香轮。绮筵散日，谁人可继芳尘？更好明光宫殿，几枝先近日边匀。金樽倒，拚了尽烛，不管黄昏。

——《庆清朝慢·禁幄低张》

这是一首长调赏花词。

牡丹盛开时，明光宫苑，清照和同游的友人一起赏花饮酒，好生惬意。

暮霭低沉时，他们还意犹未尽，恋恋不舍这美景。

牡丹之娇媚、赏花人之欢喜，亦在她的笔端绽放：牡丹花开正艳，她和友人一起来到明光宫苑。忽见，有护花帷幕为一处花儿遮蔽阳光，和友人不禁生出好奇来，是怎样尊贵的花，能受此礼遇呢？

翘首探看时，只见一簇簇“容华淡伫，绰约俱见天真”的花朵明艳。

原是“国色天香”的牡丹！

不愧为天下第一花呢！其姿态之柔美，其气质之雍容，真真是朵朵花儿都经由天公精妙绝伦的造化。而它周边，残败一地的春花，更是衬托它之娇媚，它傲立着仿若晓妆初成的美人。

它仿佛用自己娇媚的姿态，戏弄着春风，嘲笑着春月，尽情逗引着管理春天的神君。

此际，清照的心情极好。

且看，她如此妙笔用“淡伫”“绰约”“天真”“晓妆”“艳态”，再加一个“妒”字、一个“笑”字、一个“殢”字，道出了正绽放的牡丹之美，使其仿佛一个盼倩生辉、倾国倾城的绝代佳人呢！

如此绝色的牡丹，让她和友人沉醉了，席地而卧，把酒欢赏。

尽兴，而忘却时间，不知不觉到了暮霭深浓时。可依然不舍这美景，如是秉烛而赏。烛光里，她不禁想起和明诚一起赏花时的情景：“东城边，南陌上，正日烘池馆，竞走香轮。”

日光易照的“东城”“南陌”，亭台、池馆都被晒得暖融融的。赏花、买花的人儿，整日川流不息。车水马龙里，醉人的花香更是将车轮都给染透了。

转而想，这花香四溢的牡丹，若花期过后凋谢了，到底还有什么花可以如此斗艳？如是，心便生了浓的忧伤和惆怅。

也是，这世间没有不凋零的花朵，再是娇媚又如何？终逃不过花期过后的凋零。如同，人生从来都无不散的筵席一般。

这般想着，她即“兴尽悲来”。

还好，她从来都“悲有分寸”，很快她就自我调节起来。由此，她写道：“更好明光宫殿，几枝先近日边匀。”

无论世事如何，最迷人的还是这明光宫苑内。即便，几枝正竞芳吐艳的向阳牡丹残败了，还有背阴处的牡丹正渐次开放。如此，亦可再挽留住一段赏花的好时节。

既然春光尚且可留，又何必自寻烦恼、负此良辰美景呢？

不如，“金尊倒，拚了尽烛，不管黄昏”。

对着这娇艳的花儿，尽兴而饮吧。不要去管什么日头西坠、夜幕渐深了。筵席上，还燃着未尽的残烛，那么就“今朝有酒今朝醉”吧！

生活，仍是要继续的！

无论相聚，还是分离；无论盛世，还是乱世。

世间，只念他好

他们之间有了凡俗的羁绊。

他们之间亦有了长久的分离。

又如何？

于清照的心底，他永远是那个可以依靠的人。如是，她“如白素贞爱了许仙，只一路相从到底了”。

张爱玲，也想这样。

想如白素贞般爱着、相从着。

可是，终究良人不可靠；终究于爱里萎谢，再没能力爱着；终究“情到浓时情转薄，而今真个悔多情”。毕竟不是同一类人。在胡兰成是情不长夜未央，而在她爱玲则是神仙眷侣，岁月迢迢已聚首千年。

这境地，这爱，原本是不平等的。

这样的悲情，于清照是没有的。

她和明诚，虽不得已分离了，但是他们彼此牵系着，爱着的心始终在一起。是牵挂有之、相思有之，眷恋亦有之。而这，她亦深知，要不她怎会写出那么多感念明诚的词句？

且看：

风定落花深，帘外拥红堆雪。长记海棠开后，正伤春时节。

酒阑歌罢玉尊空，青缸暗明灭。魂梦不堪幽怨，更一声啼鴂。

——《好事近·风定落花深》

词中，她对明诚的思念是如此不加掩饰。

春色深浓，最易惹情思，于她，亦是。望着“帘外拥红堆雪”，她念明诚更深。所谓，睹物思人似她这般。如是，用就一语“长记海棠开后，正伤春时节”，将“无语胜有语，无声胜有声”的伤情淋漓诉。

她，不明言伤情，却比千言万语更触动人心。

且看她，在风已停、落花深的暮春，眼见着窗外那或红或白或粉的花瓣儿凋落，心遂生疼惜的伤痛。

她甚觉，这暮春真是注定的悲伤季节。

伤感，汹涌，袭来。

她，忆起某年的海棠花来。那时，她唯恐“昨夜雨疏风骤，浓睡不消残酒。试问卷帘人，却道海棠依旧。知否？知否？应是绿肥红瘦”。此际，她又将独自面对“一夕东风，海棠花谢”的悲凉。

是这样的伤怀，亦伤情！

唯饮酒来抵御这难熬的伤悲了。如是，她要饮酒求醉，想醉生梦死中最有温情可以给予安慰。只是，饮罢却更清醒，悲伤更难抑制。

那就歌唱吧！

把内心的苦寂，用声色来宣泄。可是，谁料到却陷落到一种“酒阑歌罢玉尊空”的深深寂寞中了。

这不堪的悲伤让她如何承受？

青灯明灭处，真真是连魂梦都不堪幽怨了。

因，太难独自忍受这长夜带来的寂寞和愁怨，即便在蒙眬中睡去，意识仍停留在一种深深的“幽怨”状态中，让人很轻易就被“一声啼鴂”所唤醒。

之所以如此，全然还是因了和明诚的别离。

对于明诚，她心底始终存有万般眷念。所以，她才有了这无限的无可奈何。

阅读她的这首词，心底会莫名涌现晏殊的“无可奈何花落去”。这情深意重的句子，少剧烈的情感喷发，亦少声嘶力竭的诉说，更少出人意料之夸张措辞。她如婉丽的绣娘，一针一线地将情绪织成锦，不紧不慢。

就此流传千古。

千年词坛中，能似她这般的，应没有几人的。她之所以可以如此，一是才情满溢，二是她之多情。世间多情的人，文笔最是出众。

于她，也好。

始终将一人系在心底，成不可磨灭、不可忘记，亦是最美好。就此，这个人，若一盏灯，照亮她或黑暗，或明黄的时刻，给她希望，亦给她暖意。如是，真好。

宋朝时，还有一个奇女子也用同样的词牌写过一首爱情的词：

雨后晓寒轻，花外早莺啼歇。愁听隔溪残漏，正一声凄咽。不堪西望去程赊，离肠万回结。不似海棠阴下，按《凉州》时节。

——魏夫人《好事近·雨后晓寒轻》

魏夫人，名玩，字玉汝，乃北宋曾布之妻、魏泰之姊，时被封为鲁国夫人，为当时有名的女词人。

身为襄阳人的她，生卒年不详，生平亦无可考证。只知，她的夫君曾布，乃是“王安石变法”的重要参与者。其弟魏泰，著有《临汉隐居诗话》《东轩笔录》。

她的才情是可与我们的大词人清照相媲美的。

她，亦善写离愁别绪。在宋代文坛，她的词亦颇负盛名，时年，更曾被朱熹拿来和清照并提。

朱熹言：“本朝妇人能文，只有李易安与魏夫人。”（朱熹《晦庵说诗》）清人陈廷焯亦如此言：“魏夫人词笔颇有超迈处，虽非易安之敌，亦未易才也。”（陈廷焯《白雨斋词话》）

由是可见，她的词造诣之高。

且看她这首《好事近》：

初春，一场夜雨后，满园的花开了，晓莺歇息，隔着溪水依稀还可听到昨夜雨声。

这声息，是这样撩拨人的愁思，让它汹涌万千！

接着，她写伤离别后的相思。应是夫君曾布西去远行，路途如此地远，真真令人不堪遥望。离绪深长。如此心境，如在海棠树荫下听《凉州曲》（《凉州曲》，乃唐代边塞之名曲，世称闻者皆觉声情悲凉），悲凉、凄恻！

如此离愁别绪，似清照般。

如此看，红尘有爱，娇媚的女子大多是生来注定在爱的“流刑地”踏征程的，或前瞻后顾，或顾盼流连地依循着深爱男子的踪迹，一点一点地走完这一生。

且，永无怨尤！

如此女子，如何不让男子深眷爱呢！

连薄情的胡兰成，都说过："世上但凡有一句话，一件事，是关于张爱玲的，便皆成为好。"

这句子，在别人看来许倍觉矫情做作——薄情的事没少做，负心的事终还是做了，又怎会觉这世上只有爱玲好呢？可是我想，在他和爱玲"桐花万里路，连朝语不息"的当儿，他确实心意如此的。

不过，我从不纠结此论调，我想说的是，即便是薄情若胡兰成，都可以在心头如此地念一个人的好，那么，彼此深爱着的清照和明诚，将怎样在心头念彼此的好呢？

明诚如何，无从查考。

清照却可以，且看她的词：

寂寞深闺，柔肠一寸愁千缕。惜春春去，几点催花雨。倚遍阑干，只是无情绪。人何处？连天芳草，望断归来路。

——《点绛唇·闺思》

这是首闺怨词。

刻画的是一个对爱执着专一、情感真挚细腻的深闺思妇。

有太多人，可以在这首词中看到清照的影子。

清照写思妇，亦写自己。本来一个人的文字就传达他的所思、所想。清照，又怎能例外呢？

所以，在这首词中，我们看到硬生生将自己揉入其间的清照。"一寸柔肠"的是她，"千缕愁思"的亦是她。在爱中，在别离中，她是被沉重愁情压抑着的深闺中孤寂的女子。

她，无以承受这愁怨。

故而，几欲愁断肠。

如此境地，偏还雨水淅沥，催逼落花满地。真的是，连一丝春花给的安慰也不剩了。这情境，让她情何以堪！

愁绪，如海深。

心，不由得生了“人生苦短，青春年华更短”的唏嘘。

盼良人归来，与之厮守到白头。只是，倚遍栏杆，望眼欲穿处，全然是望不尽的芳草萋萋。而良人无归。

心，无望亦无助。

愁，满天满地，无法计量。

将愁，如此这般写尽、写透，真是世间少有之。故而，明朝陆云龙在《词菁》中如是称誉，这首词是“泪尽个中”；陈廷焯所编《云韶集》中亦盛赞此作“情词并胜，神韵悠然”。

我们念这首词时，依稀可见那时的清照，在晚风习习的春日，她一个人倚在栏杆处远眺，眼神忧郁、神情落寞，却又有爱意和欢喜。那是怎样的情形啊？我想，用直白的语言是无以解释清楚的。

她因心底念着明诚的好，而有了思念的闲愁，更有了欢喜又眷恋的神气，如同见着胡兰成的爱玲，委屈着却还深爱着。

我想，和明诚不得不短暂分离的清照，也是有委屈的吧！人不是说，“女子一旦爱了人，是会有委屈的”。

清照亦不会例外的吧！

只不过，因为她深爱明诚，所以，那委屈更多地被转化为浓稠得化不开的思念了。

相思深，恐花被吹落

深陷相思苦的清照，内心是有着深的“恐花，被吹落”的伤感和无助的。

且看，她写就的关于相思的闺怨词，即可知。

明诚，为求学欲远行，她写下这首词：

红藕香残玉簟秋。轻解罗裳，独上兰舟。云中谁寄锦书来？雁字回时，月满西楼。

花自飘零水自流。一种相思，两处闲愁。此情无计可消除，才下眉头，却上心头。

——《一剪梅·红藕香残玉簟秋》

那日，明诚出发，不忍别，于是她觅得一方锦帕，将自己的惜别情绪写就一首词，赠予明诚。

关于这段生活写照，元代伊世珍在《琅嬛记》中有如是记载：“易安结缡未久，明诚即负笈远游。易安殊不忍别，觅锦帕书《一剪梅》词以送之。”

这画面，甚是温馨。

词间，隐约的缱绻感伤，更是让人心生悸动。

“花庵词客”黄升，被这首词吸引而将其在自己的《花庵词选》中题作“别愁”。

读词时，我们依稀可见一个轻吟伤离别的清照。她，轻吟着这清丽无俦的句子，眼波如水若雾，暗藏着深情。她，对于明诚的远走，是这样地不舍。所以，我们看到她臆想下的明诚离去后的生活是如此地难以忍受。

是的。孤寂日日夜夜，真的难挨！

荷花残落、微香飘远，立在寂寥萧瑟的秋风中忆往昔。却愈回忆愈觉得冷寂，竟甚觉身后的竹席都沁凉入心起来。

想抛却这难以承受的回忆。

如是，悄悄解下身上纤薄的裙装，换上便装，独自划着小船去了湖中央。

可是，泛舟消愁，也只是一时的排遣。当明月当空、独倚西楼时，思念又会啃噬孤冷的心。

这寒夜寂寞时，谁又能将寄寓着爱人的情愫的书信捎来呢？

归来的雁？断是不能够的。

望着从爱人的方向飞回来的雁儿，伤悲更深。

与君别后，从此“我若空自凋残的落花，你则若悠悠东逝的江水”。在无法缠绵旖旎的日子里，“我”凋零了，“你”空蒙自流了，“我们”再无法用拥抱给予彼此安慰了。这别离，将会使“你我”的相思，凝结成无望的愁怨结。

从此后，“我”的相思无以排遣，是才下了眉头，又袭上心头。

“我”想，“你”也是会如此的。

“我们”的相思，从此绵绵不绝。一如，李煜言的“剪不断，理还乱，是离愁，别是一番滋味在心头”（李煜《相见欢》）。

不知当时的明诚看到这首词会有何感？

但是，于我是心生万千的。那一句“此情无计可消除，才下眉头，却上心头”，是时常会涌上心头的。这一句，亦是她最经典的句子之一。

写就情词万千的范仲淹，亦有类似的名句。

他在《御街行》中如是写道：“眉间心上，无计相回避。”但是，在我看来，他之“愁”不在眉间，在心上。虽抒情细腻，却表达得比较平直，缺了“易安词”的深韵。且看，易安用“才下”“却上”寥寥四字便将思潮起伏、感情震荡的情态抒写得淋漓。

故而，有评论者如是写：“范希文‘都来此事，眉间心上，无计相回避’，类易安而小逊之。”（王世贞《艺苑卮言》）

诚然，就如同明诚题她画像所说的“清丽其词，端庄其品”。

不轻佻、不妖艳，亦不忸怩作态，于意兴之处吟出自然气质和谦卑之心，使得这首词作出众非凡。她并非单纯地吐露思情，也没有聒噪地怨怪丈夫不返。她于一呼一吸间要表达的只是一种如清水一般的期愿。那是她的，爱之旖旎，爱之单纯，爱之心心相印。

事实上，关于这首词的好，古往今来还有不少大家给予中肯的评价。

比如，明人李廷机在《草堂诗余评林》中如是道：“此词颇尽离别之情，语意超逸，令人醒目。”

再比如，清人陈廷焯在《白雨斋词话》中如是赞赏道：“易安佳句，如《一剪梅·红藕香残玉簟秋》起七字云‘红藕香残玉簟秋’，精秀特绝，真不食人间烟火者。”

词意里，透露出一种“美女妖且闲，采桑歧路间”之风姿。

想这世间应只有她清照一人可如此写就吧！

这次，是小别。

于当时的清照而言，少了后来的不安和恐惧。

毕竟，锦瑟年华里，他始终在。

但是，失落、无助是有的。

且看，她这首《浣溪沙·莫许杯深琥珀浓》：

莫许杯深琥珀浓，未成沉醉意先融，疏钟已应晚来风。瑞脑香消魂梦断，辟寒金小髻鬟松，醒时空对烛花红。

入梦，被惊醒。

无限离愁别绪里，涌来些许不安和无助。

一个人的夜，该如何排遣呢？

以酒浇愁？

怎奈，杯中琥珀色还未饮尽，人就自醉了。是“意蚀魂消”的缘故吧！某些颜色、某种杯盏带有的回忆，让她醉在了一个魂牵梦萦的影子里。

他，深入骨髓，不能忘却。

而此时，窗外还传来寺院的钟声，断断续续的钟声让她的寂寥更无边，就如同这吹起的瑟瑟晚风……

李白曾写，“兰陵美酒郁金香，玉碗盛来琥珀光”（李白《客中行》），一醉能解千愁。

她原本信了，可是，今夜的她却无论如何都不能以醉来解愁。

是愁绪过千抵万了，还是无以计量了呢？她不得而知，只知这夜她又将因思念而难以入眠了。

终于，于迷蒙中睡去了。毕竟，太多的相思亦是累人的。所以，在夜深似海时，她睡去，宛若婴儿。

却，易被惊醒的。

一点若针落地的声响，一丝若喘息，都会将她惊醒。

那夜，她应是被熏香炉中香料熄灭的声音惊醒的。被惊醒的她，像极了受惊吓的小猫，警觉却又那么无助。只是，越怕被惊，越看到让人惊心的画面："瑞脑香消""辟寒金小"，入眼的，是"炉寒香尽"。这，怎不让她倍觉"枕冷衾寒"呢？

心，更冷寂了。

在思念里，人更憔悴，只见她，发髻松散，小小金钗也快掉落。

良人不在侧，罢了，就这样空对着烛火到天明吧。

长夜未央，好梦难继，愁绪深浓，再难成眠！窗外，云淡风轻，一弯清月亦难懂她这相思的伤。

这首词，清照自始至终都未着一字情语，然我们读之所感知到的却是她心底涓涓流淌的旖旎缠绵。

如是，我们亦深知，她原也是如此的"不落情缘的一人"！

"元祐之争"的伤害，于她、于明诚都是很深的。除却他们之间那不得已的分开，还有身心的伤害。

且看她写就的这首忧患满满的《玉楼春·红酥肯放琼苞碎》：

红酥肯放琼苞碎，探著南枝开遍未？不知酝藉几多香，但见包藏无限意。

道人憔悴春窗底，闷损阑干愁不倚。要来小酌便来休，未必明朝风不起。

这首词，将她那时的患得患失全部流露。

早前，她的词的忧患意识，往往会通过风雨摧花的手法来表现。比如,《如梦令·昨夜雨疏风骤》中的“雨疏风骤”；比如,《多丽·咏白菊》中的“恨潇潇、无情风雨，夜来揉损琼肌”；再比如,《永遇乐·落日熔金》中的“次第岂无风雨”。

此首词，亦然。

在父亲遭遇变故后，又经历了跟明诚的不得已分离，她内心的忧患感愈来愈深重。如是，她无论见残梅还是见梅花骨朵，都会呈现出一种忧心忡忡来。她，是太害怕这美好事物的消逝了。

好物易散也易碎。

所以，当她的目光触及那一枝梅花时，看着那“红润如酥，晶莹似玉”怒放的花朵，心中遂生了对红梅珍重迟开的无限唏嘘。

是的。红梅花儿绽放再美，都不如迟开，好将这美好的光影拉长些，再拉长些。

等待，变长又如何！

要知道，稍纵即逝的美好事物，才最是令人心痛。

念着这些，心莫名生了怨来，怨世事无常、暗涌重重了。

她想，若是能逃脱这俗世牵绊，那么，她和明诚便也不会有这样的分离了。

这样怨尤着，更对着未开放的红梅花骨朵，心生怜惜万千了。只期许，它们的花开得再晚一些，让花期再长一些，再长一些。

春窗寂寞深，最是怕栏杆拍遍，君不归。

可是，生活还是得继续。

一味纠结沉浸在愁绪中，亦是不行的。

如是，豁达若她，小调整心态，开始对花小饮。既然这世间多造化弄人之事，良辰难再、美景无多，那么，就先珍惜眼前吧！今日，若不趁着红梅尚开，惬意观赏之，说不定，明朝就会有狂风折梅、冷雨欺花之事了。

花落香消，岂不徒然令人心碎得紧！

本来这世间自然气候转换，亦是如人世风云突变一般的变幻莫测、无法预料的。

由此可见，彼时的她正受着命运的惘惘的威胁。

那一年的爱玲，也是有了这样的惘惘威胁。战争来了，打破了爱玲全部的计划，亦打碎了爱玲全部的梦想。战争的恐怖亦开始渗入她的骨髓，并随之升腾起一种幻灭、虚无和绝望来。她觉得，一切都变得模糊起来，一切都靠不住了。她是这样无助、恐惧，并茫然着。

我想，经历“元祐”事件的清照的内心，亦是这般吧！

有无助、有恐惧、有茫然，更有世态炎凉、人情淡薄的感触。要不，她绝不会写出此类“恐花被吹落”的词来的。

第五章

浮世清欢，朝朝暮暮

时局乱，他辞了官，
携着她，屏居乡里。
就此，岁月好，浮世见清欢。

为顾时局，爱玲没有要仪式，只一纸婚书，将自己嫁给了爱情。

或许，一身清冷孤傲的她，只是要“签订终身，实为夫妻”，而不要那俗世姻缘的虚设吧！

可是，爱是“如人饮水，冷暖自知”。

若要俗世里的爱情，就会不可避免地陷入俗世的。她，那么无牵无碍地嫁了。却自此陷入俗世。岁月，不再静好；现世，亦不再安稳。

清照，如爱玲一般，也陷入过时局的不得已之中。

最初，为顾时局，她选择暂别明诚，回了老家栖居。虽相思成灾，却因繁华岁月里明诚始终在，日子亦过得舒心。

后来，时局乱。

明诚，毅然辞官，携她屏居青州。

从此，山水烟雨里，他们恩爱缠绵。

日子，遂静好。

浮生，遂清欢。

幸福，遂满溢。

君在侧，心欢喜

崇宁五年（公元1106年）春，是个美好的时节。

宋徽宗销毁了“元祐党人碑”，大赦“元祐党人”，政治气氛一片祥和。因此，李家和赵家的关系有了缓和。

不久，清照回到了赵家，回到了明诚的身边。

过了段时日，宋徽宗罢了蔡京的相位，并让赵挺之替补之。赵家，因而一派春光融融，推杯换盏里，各式人马川流不息。

喧嚣、浮华里，清照一个人自清冷着。若生活里，始终有明诚在，什么荣华富贵于她而言，都是一片浮云。飘去，即散，不觉可惜。她只要两个人静好平淡地在一起。

也是。世事本无常。很快，一场劫难到。

玩弄了一辈子权术的赵挺之，终不是蔡京的对手。蔡京复出，征战官场数十年的赵挺之，深知蔡京不可能再允许自己和他平分秋色。于是，为了一家老小的性命前程，赵挺之决定主动辞官。

三月间，赵挺之正式被罢了相。

一世权臣，在名利场的争斗中，终究败下阵来。若说不甘，心中定有千千万。

所以，回家没几日，他就病入膏肓，无药可治了。

一夕之间，树倒猢狲散。

朝廷，更无情。不仅追夺掉赵家的官爵，还把赵挺之兄弟们定为奸臣，并借机将赵家人尽数下狱。

好在，赵家兄弟们素来谨言慎行，并未让朝廷抓到任何把柄。

数月后，他们被无罪释放。

可是，经此一役，赵家便若那残喘的病马。

素来不恋官场恋金石的明诚，对京城无好感，这一次之后，更是心生失望，有了归隐的心。如是，他辞别官场，携眷离开汴京，回到故乡青州。此时，清照二十五岁了。

岁月流逝，其间有苦、有乐，各种滋味她亦深尝。

她，再不是无忧无虑的少女清照，而是有了阅历，经了人间冷暖的少妇清照。她知晓，这世间锦绣万千，抵不过一个人给的相知相伴。所以，回到青州，于她而言，甚好。

在山水如烟、似雾的青州，他们开启了“屏居乡里十年”的美好幸福生活。

七堇年说：“心里有个人放在那里，是件收藏，如此才填充了生命的空白。”

是的。

于那时的清照而言，有君明诚在侧，生活就是旖旎而丰盈的。

于朝朝暮暮里，他们相伴于清欢，相望于杯盏，相偎于卧榻。生活，遂如同悠扬旖旎的骊歌。我想，这样的日日夜夜于她，定然是夫复何求了；亦想起，亦舒告诫女子的话来，“受束缚已久，女子一直希望白头偕老，儿孙满堂，从未想过，这不是一场功德，而是一个人的际遇，有就有，没有就没有，绝非忍耐或是修炼可以达成正果”。

看那时的清照，我才认同了亦舒的话。

有人说，屏居乡里十年的清照和明诚的爱情是完美的，似如一颗璀璨的夜明珠，隔着千百年的光影，是这样让世人艳羡。

是如此的。

他们爱情的光华，将古往今来缺少平等之爱的婚姻给映照得苍白无力。

明诚，爱她，更敬重她。虽然他曾贵为丞相之子，但他从不以此自傲，相反，他时刻仰慕钦佩着有着不俗才情的妻子。他，将她视为“不是和羹劳素手，哪知香国有奇才”的女子，他亦将她视为一朵沁心的青荷，捧在手心小心地呵护着。

能遇如此夫君，于清照而言是福分。

要知道，这世间不是每一个才女都能够嫁得这般地好，这般地称心如意。

记得看邵氏电影《唐朝豪放女》时，心底感触最深的是鱼玄机初见子安时那眼底雀跃着的欢喜。想她晚唐诗坛一代大才女，又生得妖娆聪慧，遇到仰慕她才情姿容的子安后，终是掏心掏肺地与他好了起来。

只是，才女多情，才子薄情。

她的痴情真心被无情辜负。

爱玲呢，境遇亦如此。

那一年胡兰成突兀地横在她面前时，她并不觉得惊。

可是，他殷勤地将自己对她的仰慕写成肉麻的情书：“你就是我在茫茫人海中所要寻觅的人！及至见了第一面，我更感到我俩的缘分是前世定了的”；“你说见了我，你变得很低很低，其实我又何尝不是呢！我本自视聪明，恃才傲物惯了的，在你面前，我只是感到自己寒碜，像一头又大又笨的俗物，一堆贾宝玉所说的污泥。在这世上，一般的女子我只会跟她们厮混，跟她们逢场作戏，而让我顶礼膜拜的却只有你。张爱玲，接纳我吧……”。

如此情语，即便是自傲清高的爱玲亦是抵抗不了的。

于是，她的爱成了尘埃里的花，变得很低很低。

就这样，为着这个懂她的人，她便不管不顾起来，拼了命地和他在一起。她，是如此不易爱上一个人的人，亦是如此“不在乎天长地久，只在乎曾经拥有”的一个人。所以，即便到了后来她发觉自己被欺骗了，却也与人无怨的。

如此看来，这世间的才女，最不能抵挡的绝非什么俗气的甜言蜜语，而是那男子的欣赏。

清照，与她们相比，真真是幸运太多。

故而，在时光的荒野、历史的洪流中，我们看到一身才情的她，在爱情里始终玲珑生动着，一如流星划过夜空。于一瞬间，我们有了目眩神迷。

她和明诚，这美好的爱情，是如此炫目。让我们从心底升腾起些许艳羡来！

也是。

这世间，能得一人若明诚，于清照而言，夫复何求！

若似她这般际遇一个像明诚一样的人，世间女子亦夫复何求！

若连理枝，情意缠绵

我想，即便在当下，我们的心底都会熟稔一个“在天愿作比翼鸟，在地愿为连理枝”的美好愿景的。

屏居青州十年，清照和明诚始终若连理枝一般，情意缠绵。

看，伴在明诚身边的她，端的是那盈盈一笑，自是那海棠标韵。

尽管，青州生活，不见京城的喧嚣繁华，但却惬意非常。在这一处清幽的地方，他们取共同崇拜的陶渊明《归去来兮辞》中的名句“归去来兮”和“审容膝之易安”，为他们的书房取名为“归来堂”，亦把居室取名为“易安室”。

就此，清照亦将自己的号定为“易安居士”。

生活中的阴霾，全被驱散，注入的全都是沁心的新意。

他们常常一起搜求书画、金石、碑铭，并加以整理、校勘，且以此为乐。闲暇时，他们亦一起观景、赏花、赋诗、斗茶，尽情享受着隐居乡间的乐趣。这样的他们，似神仙眷侣般。

生活，丰盈、美好，怡然自得。

不少文献资料中将他们屏居乡里的十年，视为他们夫妇过得最平静、恬淡、幸福、美满的时期。而在清照的一生中，这十年亦是她最为难忘的一段美好时光。

后来的她，回忆里萦绕的还都是这段时光，那些“意会心谋，目往神授，乐在声色狗马之上”的收藏之趣，那些“举杯大笑，至茶倾覆怀中”的闺房之乐，在在都让她“甘心老是乡”。

不过，我看到的更多是他们之间那连理枝般的情意缠绵。

清照亦在《〈金石录〉后序》中对他们的生活进行了贴切的描写：

……

每得一本书，我们就一起校勘，并整理成集，题上书名。而每得到书画和古代酒器，我们或摩挲把玩，或摊开来欣赏，并不忘批评每一件物品的瑕疵。每晚的品评，是以烧完一支蜡烛为时限的。因此，所有收藏来的古籍、字画，都能做到纸札精致、字画完整，超过了时年的许多收藏家。

那时期，每次吃完饭我都会和明诚坐在“归来堂”中，烹煮上一壶好茶后，便对着一堆的史籍，玩起了猜书的游戏。游戏的规则是：说出某一典故出自某书、某卷的第几页、第几行。猜中者胜，反之为败。此外，又以猜中与否作为饮茶先后的标准。我因天性博闻强记，猜中的次数多于明诚。只是，有时高兴得太早，会因为猜中而兴奋地举杯大笑，结果把茶给倒进了怀里，嘴里反而饮不到一口。

这样幸福开怀的日子，真甘心就此过一辈子。

……

家中收藏的《周易》和《左传》，文字最为完善，是我和明诚最爱用以玩“猜书游戏”的资料。常常，我们会将其罗列在几案上，抑或堆积在枕席间。就那样，我们两两相对着于意会心谋间神授予彼此。我想，和明诚的这种乐趣，远远超过了那些追逐歌舞女色、斗狗走马的低级趣味吧！

生活之缠绵和怡然，是如此地跃然于这字里行间了。

关于这段美好的生活，在明诚的字里行间，亦是有所体现的。宋徽宗政和四年（公元 1114 年）秋，他为《易安居士画像》如是题云："易安居士三十一岁之照。清丽其词，端庄其品，归去来兮，真堪偕隐。政和甲午新秋，德夫题于归来堂。"

看这字句，仿佛看到了一个仰慕着心爱女子的痴情男子。

他，生得如此眉眼生风、玉树临风，站在那时光里，深情款款地看着自己仰慕万千的女子。

言谈举止间，无丝毫骄矜恃贵之气。

他对她，是这样的呵护万分，恨不得掏了一颗心给她。

蓦地，我想起爱玲来。

在似锦的好年华里，她如同万千平常女子，要寻得一个和自己"永结情契"的男子。可是，遇人不淑。

情缘，成劫难！

成、败，全成经历！

这样的爱玲，让人如此心疼。要知道，摒弃她那身冷傲的盔甲，她只是个女子，亦是需要很多很多爱的。要不，她怎会在深爱着的时候，"为他端茶，腰身一侧，盈盈笑眼千千地惊艳"呢？

有歌，曾如此缠绵地唱：

起初不经意的你

和少年不经世的我

……

红尘中的情缘

只因那生命匆匆不语的胶着

……

这是才女三毛，为电影《滚滚红尘》创作的歌。

电影故事原型，就是张爱玲和胡兰成。

也许，就似这歌词中所唱的那般，张爱玲和胡兰成寡淡的情缘，就只是那“匆匆不语的胶着”。

可是，清照和明诚的不是。

他们的情缘，一如，西湖春柳，在红尘中艳极无涯。

夫唱妇随，琴瑟和鸣

胡兰成对张爱玲的爱虽不够专一，但却未必不真。

不然，他怎会写出那部惊动山河、清艳婉转的《今生今世》呢？

在晚年时，他缓缓地回忆自己一生的情缘，唯觉际遇爱玲才最惊动。所以，他才如是写：

“我与爱玲只是这样，亦已人世有似山不厌高，海不厌深，高山大海几乎不可以是儿女私情。我们两人都少曾想到要结婚。但英娣竟与我离异，我们才亦结婚了。是年我三十八岁，她二十三岁。我为顾到日后时局变动不致连累她，没有举行仪式，只写婚书为定。我们虽结了婚，亦仍像是没有结过婚。我不肯使她的生活有一点因我之故而改变。两人怎样亦做不像夫妻的样子，却依然一个是金童，一个是玉女。”

于他，爱玲始终是那“临水照花人”。

其实，他于爱玲何尝不是。

她始终将他视为自己的“照花前后镜”，是无人能取代的。所以，在《小团圆》里，她将和胡兰成的情缘予以陈述。

岁月如沙，无论出于怎样的心绪，他和她皆将他们之间“情缘虽短，情却亦真”的缘，变作铅字呈现。

让世人，皆知。

清照和明诚之间的情缘种种，亦有文字为证的。

那些岁月里的琴瑟和鸣、夫唱妇随，亦呈现在他们二人合著的《金石录》中。

这《金石录》，较之《今生今世》和《小团圆》有着更为深浓的缠绵之情。

胡兰成是欲用《今生今世》来感动爱玲，而爱玲只是在《小团圆》中如实地叙述了影响她一生的情缘而已。

所以，缠绵悱恻便不尽然了。

清照和明诚合著的《金石录》，则大不同。它是字里行间就满溢着二人缠绵的种种的。其间，全然是爱之美好，他是她红尘中的瑶池仙品，她则是他红尘中的花团锦簇。

他们，有同一个爱好，即对金石情有独钟。在屏居青州十年的时光里，更如是。

那时节，他们夫妻二人整日里潜心考证金石，并着手撰写《金石录》。所谓夫唱妇随、琴瑟和鸣，便似他们这般。

那段时光，亦是他俩度过的一生中最快乐的时光。

明诚对金石的研究颇深，他曾师从彼时著名学者研究金石学，后更用尽毕生的精力撰著《金石录》。清照对丈夫的支持与配合，亦是默契非常的。可以说，《金石录》这本著作实在是倾注了他们二人毕生心血的巨著。他们，于日日夜夜、耳鬓厮磨间，将收藏的夏、商、周三代至隋、唐、五代金石拓片两千种，撰写成目录十卷、辨证二十卷、跋一百〇二篇。

可惜的是，后来因时局混乱，明诚只写了书的序文列于书首就不幸离世了。

为了将其完善，清照又作了篇《〈金石录〉后序》。

这序，是一篇情绪饱满的散文，她婉转曲折、细密翔实地将他们夫妻二人搜集、整理金石文物的经过和《金石录》的内容及书写过程，用简洁流畅的语言娓娓道出。其间，她亦回忆了他们婚后三十四年间的忧患得失，对丈夫明诚真挚深婉的感情，一一倾注于自己行云流水般的文字中。

如是，我们在这些文字间，看到了他们之间那真切的哀、乐。

不过，那“哀”不是“哀伤”，而是深深的遗憾；“乐”，却是真正的喜悦的。

诚如，清照在《〈金石录〉后序》中曾提到的，刚成婚时，明诚尚在东京汴梁太学做学生，没有什么收入，于是便经常当掉衣物来购买金石字画之类。不能随心所欲地“买”喜欢的好物，这是他们的“哀”。

但是，“乐”事亦多。

青州生活，虽时时处于清苦之境，但他们因意气相投，于一同搜集金石、字画，一同撰写《金石录》，亦一起“赌书斗茶”中，获得雅趣。

当那长达三十卷的《金石录》在莱州“静治堂装卷初就”，他们夫唱妇随、琴瑟和鸣的情缘，也就缠绵镌刻在时光里了。

千古流传，深入人心。

只求，朝朝暮暮

在历经磨难后，能移居青州，虽对明诚的仕途来说是一个大的“利空”，但是，于清照而言最为欣慰。

虽说两个人相爱，不求朝朝暮暮，但若能朝朝暮暮，总是一种幸福。

将情词写到抵死缠绵的清照，亦然。

看她，彼时写的词，即知：

春到长门春草青，红梅些子破，未开匀。
碧云笼碾玉成尘，留晓梦，惊破一瓯春。
花影压重门，疏帘铺淡月，好黄昏。
二年三度负东君，归来也，著意过今春。

——《小重山·春到长门春草青》

春草，红梅，晓梦，花影，疏帘，淡月，黄昏……

如此好意象，可见离开游人如织的汴京到留存着童年记忆的青州，于清照而言是如此美好。能日日夜夜对着一个人，用柔情万千的眼眸脉脉相对，是为这世间最美好的事情！

心，自然地欢喜起来。

她开始以“易安居士”自居，在“归来堂”和明诚一起惬意地整理古籍，摩玩彝鼎。红烛光影，笑语娇声，好生安宁知足。如此琴瑟和谐的夫妻，是为羡煞天下的夫妻眷侣。

可谓，“得成比目何辞死，只羡鸳鸯不羡仙”。

青州的日子，还是有小小别离的。

这是因为明诚会时不时地外出进行金石查考。

或许，在爱中的女子都会对分离有深深的不舍，对旖旎缠绵眷恋痴迷，所以，面对分离时总是哀怨伤痛着。

我们的大词人清照，亦如是。

毕竟是平常的爱着的女子，在爱恋相伴之中她并不能做到洒脱。试想，连七仙女这样的不食人间烟火的仙子，亦不能够洒脱面对分离，何况有血有肉的凡人呢？

对分离表现得哀怨的清照，我是无比欣赏的。

我向来不喜那些在爱中还拿着、捏着的女子的。明明爱，甚至特别深爱，却还惜字如金、爱而不语，这会因此而错过，更会因此而遗憾终生的。末了，常会落个凄恻人生，还无处诉。

如此，又何必呢？

连爱玲这样傲骨冷漠的女子，在爱中亦是可以做到哀怨透彻地表白的。她曾对胡兰成如是说：“我见了你，头变得低低的，低到尘埃里，但我的心里是欢喜的，从尘埃里开出花朵来。”

这样在爱中明艳澄明的女子，是如此地让人喜爱！

且看，清照在明诚外出时而作的那些相思词：

香冷金猊，被翻红浪，起来慵自梳头。任宝奁尘满，日上帘钩。生怕离怀别苦，多少事、欲说还休。新来瘦，非干病酒，不是悲秋。

休休！这回去也，千万遍《阳关》，也则难留。念武陵人远，烟锁秦楼。唯有楼前流水，应念我、终日凝眸。凝眸处，从今又添，一段新愁。

——《凤凰台上忆吹箫·香冷金猊》

冰冷的金香炉，波浪似的红锦被，精美的首饰匣，帘钩上的灿烂阳光，慵懒瘦削的女子。

如是意象，将一个女子的心思，于欲语还休中表达得淋漓尽致。

彼时，明诚远赴汴京，她一个人独在青州。

由是，千山万水相隔，思念深种，爱成离乱。她，一颗记挂明诚的心，由此变得冰凉。整个人，有了颓废之态，内心消极。

在爱里，在相思里，她有着普通女子的意乱情迷。离愁别绪，最是虐心。于此，她生了猜疑，不知道没有自己在侧的明诚是否还是那个信誓旦旦爱她如生命的男子。她亦不能确定，当初他选择独自去汴京，是否于心底早生了某些对她情淡的暗示。

如是，在孤寂的思念中她变得猜忌无常。

她，想要向他倾诉思念，欲吐露却未开口。当所有挂念和相思之愁，化成语言时，竟是三言两语就可道尽，而非千言万语。她觉得，这倾诉是这样索然无味，于是罢休！

近日，她又较往常消瘦了许多。

这瘦，不是因“日日花前常病酒”而瘦，亦非因“万里悲秋常作客”而瘦，而是自己这伤离惜别之情不足为外人道，郁结无以能诉的伤感，致使她消瘦的。

她应是厌倦了这种情绪。

于是，笔锋一转如是写道：“休休！这回去也，千万遍《阳关》，也则难留。”

是的。

她深知情人若是分离非人力可挽留。即便离歌唱了千万遍，终无用。只好把离别之痛深埋心底，让相思的种子只在内心暗自生长。

紧接着，她引用“武陵人”“秦楼”两个典故，来将别后的相思倾诉。

“武陵人”，代指心爱之人，此处化用刘晨、阮肇典。一如唐人王涣《惆怅诗十二首》中的“晨肇重来路已迷，碧桃花谢武陵溪”，亦如北宋人韩琦《点绛唇》中的“武陵回睇，人远波空翠”。

而“武陵人”后，加以“远”字为缀，所表达之境就更悠远了。

汉时，有两人在山里迷了路。恰被两个仙子遇见，于是，被带到仙子居住的山里生活。一晃，半年过去。他们决定离开。然而，当他们回到家，看到的竟然是自己的第七世孙。他们的老婆、孩子，早就不在这个世上了。

由是，应验了那句“山中方一日，世上已千年”的谚语。

由是，也表达了清照内心对分离、对世事无常的一种忧虑。

“烟锁秦楼”，表达了对神仙眷侣般美好生活的向往。

出自汉人刘向《列仙传·卷上·萧史》的“烟锁秦楼”之典故，讲的是秦穆公时一位吹箫人的故事。这位吹箫人名萧史，是个善吹箫的人，可以用箫吹奏出很美妙的声音，很得秦穆公的喜欢。于是，秦穆公将自己的女儿弄玉嫁给了他，并筑造一座凤台楼送给他们。某日，萧史教弄玉吹箫，美妙的箫声竟引来了一只凤凰。于是，他俩骑着凤凰飞走。从此，过上了神仙眷侣的幸福生活。

此一典故的借用，表达了清照对与明诚若神仙般厮守的渴念，亦暗喻了自己对明诚的思念。

可望穿秋水一切都是空想。

传说，毕竟是传说；愿想，毕竟是愿想。

分离依然，相思依旧。她，唯倚着“秦楼”凝望眼前流经的溪水，愿明诚能若自己般念她。

只是，愈是凝望，愈是感念，愁愈深。是一愁未过，一愁又袭来。

这样的“愁”，让她何以排遣！

这愁，真真感动了万千世人。要不，清人陈廷焯不会在《云韶集》中如是赞誉：“此种笔墨，不减耆卿（柳永）、叔原（晏几道），而清俊疏朗过之。‘新来瘦’三语，婉转曲折，煞是妙绝。笔韵绝佳，余韵犹胜。”

如是赞誉，这首词当之无愧。

而她这长调，是她的自度曲，亦是世人痴迷的断章。

她是这样寂寞，在明诚远行时。

那曾经泼茶对诗朝朝暮暮的好时光，那样耳鬓厮磨、相对展玩金石古器的时光，于离别的日子里让她倍觉珍贵。于是乎，她的心中积聚无尽离愁，别后孤寂更是难以承受。

你这样美好，时光这样佳美，你若离开，我是这样无以承受。

凄恻，这般。

如是，才写出这哀愁浓郁的词句吧！

也是。

急景流年，她所求无多，不求荣华富贵，亦不求高官厚禄，她只求能与明诚于朝朝暮暮里相对到老。

第六章

帘卷西风，人比黄花瘦

一纸诏书，他去了京城，弃了仕途。
就此，青州十年美好成追忆。
再别离，她只剩了思念。

李碧华说：“旷日持久不容易，一切事物之美好在于没时间变坏。恋爱中的男人女人皆是，无论良驹劣马，且都要于长途赛上始见气力与品种。”

是如此的吧，在时日良久里，清照亦有这样的感触。

在明诚去往莱州前夕，她就心存了“念武陵人远”的担忧，“万花丛中过，片叶不沾身”，似乎是个童话。

一纸诏书，明诚奔了仕途。

基于再次长久分离的忧思，她写出“惜别伤离方寸乱”的句子寄给明诚。

到底是女子。

虽写过万千让男子惊叹的词作，但在情海中，她依然是个“春日迟迟，女心伤悲”的痴情女子。所以，在思念很深的时候，她觉得自己如同一株生了根却想拔根离去的树，是这样无能为力。

她深知，时间和距离终会成为离间他们爱情的帮凶。

她在望穿秋水里渴念与明诚的团圆之日，可是，诸事成羁绊，她始终不能成行。如是，她在伤离别里无望了，只剩了思念。

唯有用相思词来倾诉。

倾诉——

君不在身边，“帘卷西风，人比黄花瘦”。

奥地利诗人里尔克说："爱是艰难的。"

想这世间男女，无论如何用心地爱，有时也是力不从心，世事总是难全，不是爱了就可以。

诚如那时的清照和明诚。

她，是想仰着、望着地爱他一生一世；他，亦想捧着、供着地爱她一生一世。可是，生于凡俗世界就不得不为活着而奔波。喝甘露、仙水而活的，毕竟只有传说中的仙子们。她和他，却要为了生计而奔劳。

十年青州生活，他们典当了所有能典当的，已经所剩无几。才子佳人的生活再是甘美，亦是要为五斗米折腰的。所以，当皇帝一纸诏书下，明诚就只得奔赴。

尽管，他依旧看淡名利、厌倦官场。

其实，在公元1119年，宋徽宗改元宣和时，当明诚和她终于完成巨著《金石录》的撰写，明诚就开始为了生计时常返回汴京城。彼时，知交故旧因着《金石录》的成就，而对他的学问和才华赞赏不已。

妹夫傅察，所言最是贴合："妙龄擢秀如黄童，藉甚词林振古风。澜翻千载常在口，磊落万卷独蟠胸。不将龟筮论从逆，独向诗书有高识。

琳宫乞得十年闲，可但新诗胜畴昔。”

如是这般的明诚，携着他的巨著《金石录》，名动汴京城。

由是，那场助他重新返回仕途的荐举应运而来。

隐遁青州十年，专心做学问的明诚，着实被朝廷重视起来。毕竟，此际可谓世风日下。于是乎，十一年前的“鸿胪寺少卿”明诚重得朝廷起用，并被越级提拔为莱州的郡守。

宋徽宗宣和二年（公元 1120 年）七月，明诚奔赴莱州（今山东掖县，今改为莱州市）为官。

念及满屋金石宝物，这一次他未携眷。因为那些宝物要稳妥保管。

如是，清照一人留守青州。

别离生，整日整日的温柔厮守，成了奢望。一个人的清照，身和心，都如灰。多年温柔相守的美好，如一面岁月的镜子，明晃晃地映照着她生活的角角落落。

日子，是这样孤独难熬。

人说，孤独不是与生俱来，而是由你爱上一个人的那一刻开始。

是如此的吧，女子一旦爱了人，是会有这样孤独难熬的感觉的。想她和明诚屏居乡里十年的时光是那般美好，爱又是那般如花烂漫，让人忘乎所以。他们彼此都为千万人之中遇见唯一之人，珍惜着，亦为千万年之中能守住情爱一刻的永恒，欢悦着。

可是，顷刻间，欢悦、永恒，便全然隐退了。

由此，意难平，最难将息，这爱别离。

许多时日里，她如同一个爱里的怨者，在思念明诚的悲伤里过着寂寥的日子。无以排遣时，她便将相思写成词。实则，没了明诚的陪伴，她也只剩了寒凉的相思词。

对于别离，爱玲也是痛的、伤的。

那夜，知道临别将近。

她，便踩着他的脚与他在屋外的露台上相拥起舞，并用他送她的红色披肩裹紧彼此。

她，是这般地愿这一刻就是一生一世。

只是，再回头看时，“他一个人坐在沙发上，房里有金粉金沙深埋的宁静，外面风雨琳琅，漫山遍野都是今天”，一生一世便没得影踪可寻，只落了个今时今日。

就此，她深知，这一别离，爱便只成了对着他一个人有情了。

他们面前自此有了一堵永恒的墙，只她一个人在原地痴痴地守候，而他早就远在别处，和她再无任何干系。

所幸，明诚不似胡兰成这般。

他，虽远赴莱州，心底还是有清照这个人的。

当清照将对他的相思写成《醉花阴·薄雾浓云愁永昼》时，他被感动了，也惊着了。

心底遂生出隐痛和疼惜来。

他，用就三日三夜的时光，写成五十首词来回赠清照。

这样的回赠，应只有“心有情爱的人”才能做到吧！

如此一比较，我便不再为清照的相思唏嘘了。毕竟，她的相思、她的痴心、她对爱情的坚守，是这般值得。明月高悬时，她寂寥的相思有着“棋逢对手”的相思馈赠的。

想必，她亦深知。

所以，她“楼上远信谁传，恨绵绵”的思念及等待，再怎么虐心，她亦心甘情愿地痴痴地爱着。

我相信，人的一生中若始终坚持一种信仰，那么，这个人的人生无论经历怎样的坎坷，总会过得丰盈富足的。

于清照而言，爱便是她的信仰。

一种支撑她踽踽走过漫长人生路的信仰！

念他，望穿秋水

多情自古伤离别。

……

此去经年，应是良辰好景虚设。

便纵有千种风情，更与何人说？

——柳永《雨霖铃》

才子柳永，曾如是深刻地将离别析释给世人听。由是，我再看那时的清照，便深体会到她眼前那番“良辰好景虚设”的懊恼境地。

自和明诚别离后，一个人独居的她就被思念包围。

独自一人时，她常常远眺，常常会被相思搅乱心池，尤以节日最甚。比如，那年深秋的重阳节。

因念明诚深，她写就那一首《醉花阴·薄雾浓云愁永昼》。

那一日，她独自在篱笆下饮酒赏菊。天光阴沉、云雾聚锁，是连天公都不作美的天气。这边厢，开至妖娆的金灿灿的秋菊，在劲厉的西风中凋零数朵。

坐在旁边的清照，见此状，心便似“鸟惊心”，被惊着了。那一股脑儿的离愁别绪，如袅袅的瑞脑香升腾蔓延开来。

也是，这样的伤感更有理由。

于是，她提笔写下这首满溢相思的词，寄给了他。

薄雾浓云愁永昼，瑞脑销金兽。佳节又重阳，玉枕纱橱，半夜凉初透。

东篱把酒黄昏后，有暗香盈袖。莫道不销魂，帘卷西风，人比黄花瘦。

从清晨到日暮，她都只是和浓云、薄雾做伴。

如同注定，这一日漫长的时光就该在这阴郁寂寥中度过。一如，深埋在她心底的思念和回忆。

似网。

将她网在网中央，无法逃脱。

熏香炉中，香料终于燃尽，她却没有再续上的心思，因为回忆、思念早已如一头怪兽在她心头绕。绕得她，心力交瘁！

今日，这哀愁尤深，尤重。

也许是重阳佳节的缘故吧！人不是常说“每逢佳节倍思亲”吗？这样的句子，最可诠释。

深秋的夜啊，如此地凉，寒气又是这样地深入骨髓，竟连窗纱和玉枕都被浸透了凉意、寒意。夜深，凉得更肆意，浸透了她的帷帐，让她蜷缩了一夜，无以安眠。

“要是有良人在侧，便不会如此冷寂了吧！”她想。

如是，心底的哀伤愁怨就更深了。

既无眠，何不取酒一醉方休呢？这样想着，竟回忆起黄昏时独自饮酒的凄苦来——

重阳，赏菊饮酒、相携登高。

今日良人不在，无法相携登高，那么，就赏菊饮酒吧！所以，她径直来到东篱菊花盛开处，独自对菊饮起酒来。可是，良辰美景，无人伴。菊香盈满衣袖，更是让人难堪。

思念又袭来，不胜凄楚，她觉得自己是如此孤苦。

由是，她迅速逃离东篱菊花盛开处，躲进自己的闺房。此际，却吹起了狂肆的西风，将门帘掀起无数。霎时，一阵沁骨的寒意袭满全身，她就此生了一种“人，还不如东篱的菊花生得惬意”的悲凉心境。

深秋的夜呀，是这样令人寒冷，无处可藏，竟是连纱窗玉枕都被浸满凉意。

冷寂，更深。瑟瑟发抖，冷作一团，身边还无他。

如此，让她情何以堪！

是愈冷，愈感伤；是愈冷，愈念他。

这首词，我喜爱非常。诚如我一直喜欢的一首词：

锦瑟年华谁与度，莫问情归处。
只影向斜阳，剑吼西风，欲把春留驻。
天涯芳草无归路，回首花无数。
解语自销魂，弱袂萦春，尘缘不相误。

皆这般地令人读来如“吞梅嚼雪”，清新爽口得紧。

清照写就的《醉花阴·薄雾浓云愁永昼》，亦是她词作中的重要代表作之一。

清代陈廷焯在《云韶集》中赞其：“无一字不秀雅。深情苦调元人词曲，往往宗之。”宋人王灼赞誉其：“易安居士作长短句，能曲尽人意，轻巧尖新，姿态百出。”

如是赞誉，让人倍觉此词“给人余韵绵绵，美不胜收之感”。

这首词，是妙的。

首句的“薄”，末句的“瘦”，于前呼后应中巧妙地将相思之苦点明。

孤枕、空枕、秋凉夜，明明写相思，却是不着一字；把酒赏菊怀亲人，明明道的是离别之苦，却也是不着一字。在此委婉朦胧、含蓄蕴藉中，她将无限的思念巧妙地藏于“东篱把酒赏菊”“秋夜孤枕难眠”之中。

相思，由此变得是这样耐人寻味！

明诚在读到这词句时，着实被惊动了。为着她这“隐匿”却浓郁的相思感动不已。遂，在怜惜她的同时，也为她的斐然文才所折服。

爱，由此在他们两人间，隔着距离变得更浓烈缠绵起来了。

据说，他读罢这首词，感动得三天三夜废寝忘食地写出寄寓自己相思的五十首词，给清照。

这于今日亦是鲜见的，何况在那个年代。

这种，你念我，我亦念你的爱情，爱玲也曾奢望过。

只可惜，只是她的奢望。

那一年，寒冷的二月，她远赴温州，去看望她的夫君。见了“为爱而不辞远行”的她，夫君却是惊而不喜，甚而有怒的。末了，还厚颜无耻地解释道，夫妻难中相别，妻子寻踪探夫，本是令人感动的人之常情，但爱玲是超凡脱俗的，就不宜了。

这样的解释，对爱玲而言是残忍的。

“君本多变，侬仍痴情”的戏码，真的成了爱玲人生最灰暗的底色。

如此比较，清照要比爱玲幸运太多倍！

在别离中，她即便“望穿秋水地念着明诚”，也是万般值得的！

盼团圆，万千心事难寄

骨子里冷然的张爱玲，素来是个难相处的人。

可是，在爱中她柔软如丝。所以，她虽是胡兰成口中“超凡脱俗”的女子，却还是做了不脱俗的事情。

那就是，她用一生来追逐爱的圆满。

起初，是对父亲，后来是对胡兰成，再后来，是对赖雅。可是，长长的近一个世纪的时光，她始终未能得到一个圆满。

她，是永远渴念着爱的饥饿的孩子。

诚如她写过的：“他走后一烟灰盘烟蒂，她都捡了起来，收在一只旧信封里……”

她，是这样谨小慎微地想要攥紧她的爱。可是，越是攥得紧，越是得不到。

她始终追逐的是与心爱的人团聚，永不分离。

如此看来，爱中的女子，希冀的皆是一个团圆。

爱玲，如是。

那时的清照，亦如是。

在明诚远赴莱州做官时，独居青州的她，亦是始终渴念着和明诚的团聚的。且看，她那时写下的《念奴娇·春情》：

萧条庭院，又斜风细雨，重门须闭。宠柳娇花寒食近，种种恼人天气。险韵诗成，扶头酒醒，别是闲滋味。征鸿过尽，万千心事难寄。

楼上几日春寒，帘垂四面，玉阑干慵倚。被冷香消新梦觉，不许愁人不起。清露晨流，新桐初引，多少游春意。日高烟敛，更看今日晴未？

她，一人独居深闺。

偌大的庭院，倍显萧条，斜风兼细雨，更惹得人怀思。他，不在身边，想要安慰都不得。庭院木门，深锁，一层又一层，锁住了温暖，也锁住了寂寞。春花娇艳，渐次绽放，柳树条儿亦染了嫩绿。春光如此好，可是恼人的寒食节也近了。

写词赋诗，欲消磨寂寞；独饮，欲买醉，谁知另一番愁滋味涌上心头。

真真是，闲愁未排遣，新怨又袭来。

空中，有大雁无忧飞过，不留任何飞过的痕迹，而她堆积如山的思念化作千言万语，却是这样无法寄托。

近几日来，天气都春寒料峭得紧，帘幕低垂，凉意更深，玉栏杆也懒得去倚了。

思念浮上心头，真的找不到排遣的出口。

拥被睡去吧，可是，锦被亦冷。终不耐寒意，从梦中惊醒。万千心事，唯藏回心底。

再不能安眠，而香火已消，就这样空坐到天亮吧！

拂晓，新露满园，梧桐叶新发，嫩绿一片。是游春的好时节呢，而太阳已高，晨烟袅袅，今天应是一个晴朗的好天气。可是，内心怎还有着万千不确定呢？

是思念太深了，还是游春无人陪伴的缘故？

在我看来，清照之所以如此，是因太过期盼和明诚的团圆了。

范仲淹曾写："残灯明灭枕头攲，谙尽孤眠滋味。都来此事，眉间心上，无计相回避。"所说的，亦是这般的愁思、渴念。

我想，这世间无论男女，在爱情里都会柔情万千的。为着爱一个人，会愁肠百结，会惆怅无助，会渴念万千。

团圆，亦成为最大的渴望。

隔着千年时光，我们可以从清照这满载离愁别绪的词中，深刻感受到。

时间的荒野里，她是这般至情至性。

倾城。

美不胜收！

为爱，赔上一生情动

我时常会想明诚赴任莱州时，清照到底为何没有跟随。

隔着光阴，我能深刻感应到独居青州“归来堂”的清照的脆弱。她，是这样被缱绻离情折磨着。

至苦，亦痛。

后来，我亦想，若是没这样的离别，或许清照的词就不会这般旖旎、静美了吧。

且看，她写就的这首《诉衷情·夜来沉醉卸妆迟》，相思浓郁、词风旖旎清丽。

夜来沉醉卸妆迟，梅萼插残枝。酒醒熏破春睡，梦远不成归。

人悄悄，月依依，翠帘垂。更挼残蕊，更捻余香，更得些时。

离愁万千，思念绵绵。

清照，用就寥寥四十四字，将自己含蓄、复杂、曲折的内心世界，生动地呈现出来。

暮霭低沉，夕阳渐渐隐去。

有微风轻轻吹拂着庭院中的树，这是个美好的黄昏。

只是，夜色深浓，她开始深切地思念起明诚来。月上柳梢时，思念更浓，饮酒吧，或可一醉方休。

人醉，未卸妆，她便和衣睡去。

醒来，插着的梅花枝，花瓣落了，只剩花萼残留在枝上。

酒劲还未全消，梅花浓香依旧，熏醒了春梦，也熏出了她的惆怅。梦中，她正和明诚相聚甚欢，而今，突然醒来，再也无法回到梦境中，重温刚刚的温暖。

于是，她对这梅生了怨气。

连在梦中也回不到明诚的身边。怎不令人万千懊恼?

此际，夜色深沉，明月皎洁当空，人们都入梦乡。她，独醒。注定又是一个彻夜无眠的夜。独自走下小楼，抚弄捻捏一朵又一朵的梅花，只为消磨这难挨的残夜。

等待天明。

寂寞这么深。

于词中，她巧妙地化用《诗经·邶风·柏舟》“微我无酒，以敖以游”(不是要喝没有酒，也不是想游无处游，而是我心中别有隐忧)之意，来表达自己对明诚的深切思念。

如是表达，深得学者刘逸生之赞誉。他曾在《宋词小札》中写道：“你看，事情有多么琐屑，而写来却多么细腻，表达的人物感情又何其曲折幽深，耐人寻味……假如明诚读了它，绝不会不受感动的。妻子这一缕细腻委婉的柔情，难道会比‘帘卷西风，人比黄花瘦’更逊色吗？”

是的，这首词比《诗经·邶风·柏舟》和“花间词”“南唐词”等，皆有过之而无不及。

再看，她这一时期为情动而创作的另一首词，《多丽·咏白菊》。

小楼寒，夜长帘幕低垂。恨潇潇、无情风雨，夜来揉损琼肌。也不似、贵妃醉脸，也不似、孙寿愁眉。韩令偷香，徐娘傅粉，莫将比拟未新奇，细看取，屈平陶令，风韵正相宜。微风起，清芬酝藉，不减酴醾。

渐秋阑，雪清玉瘦，向人无限依依。似愁凝、汉皋解佩，似泪洒、纨扇题诗。朗月清风，浓烟暗雨，天教憔悴瘦芳姿。纵爱惜，不知从此，留得几多时。人情好，何须更忆，泽畔东篱。

宋玉于《九辩》中曾写：“悲哉，秋之为气也！萧瑟兮，草木摇落而变衰。”

由此，自古与秋相关的词作，便多流于伤情了。

这首《多丽·咏白菊》，亦然。

不过，有学者如是说：“在众多悲秋词中，清照的词如同一朵濯染了天地灵气却不惹一点尘泥的莲。”可见，她的词在表达悲情时，更技高一筹地以不着一“悲”字而将别情愁绪宣泄淋漓。

是情动使然；亦是才情使然。

在夜寒似冰的深秋，她于风起、雨落、帘动间，躲进小楼内。

在讨得些许的暖后，开始担忧起院子里如玉的白菊来。白菊，是她的心头爱，一同明诚送她的钗，在她心底都是珍贵无比的。只恨，这萧飒的无情风雨，于这夜里摧残她所爱。

她，将开窗即可尽收眼底的一朵朵开至妖娆的白菊，全然看成有灵气的生命，如同这世间女子的生命。

微风习习。

心，几多欢喜。

可是，这欢喜终抵不过孤寂。

由此，她依然用白菊来宣泄情绪。她赋予白菊雪清玉瘦的灵肉，让它随风袅袅，于其间透出它的无可奈何、无能为力。如是，她便兀自对它，生出怜爱之心了。

实则呢？

她，是在表达自己的孤寂无所依傍。没有明诚陪伴，她自己便像极了这深秋寒夜里的白菊。

柔弱，无能为力，又无所指望。

是这样的悲戚啊！

这一时期，更有《蝶恋花·暖雨晴风初破冻》中的凄恻悲凉：

暖雨晴风初破冻，柳眼梅腮，已觉春心动。酒意诗情谁与共，泪融残粉花钿重。乍试夹衫金缕缝，山枕斜欹，枕损钗头凤。独抱浓愁无好梦，夜阑犹剪灯花弄。

她，是最擅长于细微之处落笔了。

尤其是情感的抒发，更是将其融于微小物事中写至荡气回肠。

新春，和风细雨，暖煦怡人；嫩柳，新芽初发，像极媚眼微开；更有艳梅盛开，似红透的香腮。

是如此美好的季节呀！

她想起了和明诚一起踏春游玩的好时光。回忆，那些只属于她和明诚的回忆，便如同风起时的落叶开始在她心尖跳舞。

她，遂陷入一种难以排遣的相思中。

酒，成了解救她的良药。只是，饮酒作诗时却无人与共。这，让她情何以堪！独坐、独饮、独卧间，她终没能忍住泪落满地。她不知道，是不是所有的爱情都如此沉重、如此苦涩。她只是觉得，此际香粉溶蚀、花钿坠落是如此重，重得让自己无以承受。

人，还真是哀凉凄苦得紧。

她欲起身穿上外出的春装，可是，却突然百无聊赖，便游意懒散地只斜靠在檀枕上观赏院内美好的春景。良辰美景，未虚度，可她又陷入一种无可救药的苦闷中了，以至于她眼睁睁地看着头上华美的钗头凤被压坏。

她，便陷入一个“万劫不复”的浓愁中。

独自入眠，想要在好梦中寻求些许安慰。却始终无法进入梦乡。待到夜阑人静时，只好剪弄灯花来排遣这歌不成、梦不成的愁怀。“俗传灯心结花，喜事临门”，她是真的希冀这样剪弄灯花，可祈福明诚回来的“喜事临门”。

笃定，亦坚信！

所以，即便陷入“抱浓愁，剪灯花。周而复始，如此度日”的局面，她亦无悔。

她愿为明诚赔上自己一生的情动。

永无悔！

第七章

人间，只是抹去脂粉的脸

如花美眷，终抵不过似水流年。
山水迢迢，她寻爱而来，
却原来，他也是个俗世的男子。

汤显祖言：“如花美眷，似水流年。”

一语，将这世间真相给残酷点透。

是的，这世间好物、好景，都会在时间里流逝不见，包括爱和姻缘。尤其是，女子。

这世间的如花美眷，皆不是那白素贞，千年修炼，可不食人间烟火、可长生不老、可锻造出一颗一再被伤害却一直坚固的心。她们不成，吃五谷杂粮、谈人间恋爱，定然免不了受俗世的伤害。

如是，再美好的红颜，亦萎谢了。

这世间，能有几个“只爱一个她”的沈从文呢？

他，有誓言如是曰：“我一辈子走过许多地方的路，行过许多地方的桥，看过许多次数的云，喝过许多种类的酒，却只爱过她这一个正当最好年龄的人。”

莱州的明诚，便做不到这般的。

随着年华的流逝，随着清照容颜渐衰，他也渐渐落入了俗世男子的窠臼之中，做了纳妾的举动。

他，身在莱州；清照，远在青州。

他瞒着清照，就这样私自纳了妾。

就此，他让他们的爱情有了伤痕，曾经花好月圆皆成幻梦。

或许，这世间凡夫俗子都是如此真实地活着，饮仙露、食仙丹的仙子的爱之恒久不过是戏文里的唱词罢了。

俗世人生，他也不过是一个俗世的男子，做着最俗的事。

寻爱，于千里之外

李碧华写：“其实最可怕的事，是无穷无尽的期待，伸手不见五指。”

她亦写：“钟情如几何，直线最短；思念是心算，曲线极长。”

李碧华的文字素来针针见血，这两句，更如是。

是如此。

只要是女子，便都无法忍受等待的；至于思念，更是如虫蛾啃噬着内心，煎熬漫长无比。由是，陷入如此境地的女子，便不是去寻爱，就是在寻爱的路上。

爱玲，如此过。

她，千里迢迢地寻胡兰成至温州。尽管寻爱失败，爱情淅沥成残花遍野，但她仍说：“你问我爱你值不值得，其实你应该知道，爱就是不问值不值得。”

女子的爱，多是执着的吧！

清照，亦如爱玲一般，也千里迢迢地去寻明诚。

宋徽宗宣和三年（公元 1121 年）八月十日，她终于做出决定，锁好青州十多年的家当，只身远行赴莱州。彼时，距明诚出仕已一年之久。这期间，她独自承受了一年多的愁苦与思念。

为爱，她在忍受了诸多孤寂、思念后，终放下了身段，千里迢迢来寻他。

诚如他人所说的“再多高人指点，爱上一个人，仍是走投无路的”，爱上一个人便要付诸万千精力来承担。亦如爱玲所言，“没有值不值得，只有愿不愿意”。

如此，她放下身段，抑或矜持，来成全自己爱着的真心意。

她笃信，她此举会感动良人。

可是，世事一如春梦，人生几度秋凉。

当她来到莱州府邸时，她看到的不是明诚的惊喜，而是讶然、惊惶。原来，他身边已然站立着貌美年轻的妾。

其实，在来莱州之前，她就听说了他纳妾的事。所以，在去莱州的路上，途经山东昌乐县时，她心里凄恻难安，见景有所思，遂提笔作一首《蝶恋花·晚止昌乐馆寄姊妹》：

泪湿罗衣脂粉满，四叠《阳关》，唱到千千遍。人道山长山又断，潇潇微雨闻孤馆。

惜别伤离方寸乱，忘了临行，酒盏深和浅。好把音书凭过雁，东莱不似蓬莱远。

她深知，自己终会随着时光的流逝慢慢老去。

姊妹们亦曾告诫过她：“再不能迟疑，应用你的温情匹配他的深情，而不可给予其他女子任何可乘之机。爱，就是一场博弈，不可轻易认输。所以，此次，你必须放下身段，寻他于千里之外。”

姊妹情深，她自是被感动了。

起身匆忙，没能给如此情真意切的姊妹留下只言片语，她觉得有万千割舍不断的情意在心头澎湃。到了昌乐馆中独处时，她这情意更深浓，于是，提笔写下了这首情思悠远、意蕴万千的词。

关于这首词的评论众多，但甚觉学者黄墨谷先生的释义最妙。

他，在《重辑李清照集·李清照评论》中这样写道："《蝶恋花》（泪湿罗衣脂粉满）是一首开阖纵横的小令，王维的'劝君更尽一杯酒，西出阳关无故人'，到了她的笔下变成'四叠《阳关》，唱到千千遍'的激情，极夸张，却极亲切真挚。通首写惜别心情是一层比一层深入，但煞拍'好把音书凭过雁，东莱不似蓬莱远'，出人意外地作宽解语，能放能淡。所谓善言情者不尽情。能够运用这种变幻莫测的笔法是很不容易的。"

也是，姐妹是住在灵魂里的，可心对心地交流。

假借对姐妹的惜别之情，来暗喻自己对爱情、将来的无可把控，是此词最精妙之处。

女子们，最懂软语的功效。

只是，即便有了这样的预料，当她真的看见明诚身后站着的貌美如花的妾时，她还是被伤着了。

刹那间，她就坠入无爱的恐慌之中了。

她知道，在这之后，人生路漫漫，一切都不会再复过去的美好。

如此看，她比爱玲的际遇并没有好多少。

也许，这就是爱情吧！

诚如李碧华说的："大概一千万人之中，才有一双梁祝，才可以化蝶。其他的只化为蛾、蟑螂、蚊子、苍蝇、金龟子……就是化不成蝶。"

他们的爱情没能"化蝶"！

他，只是个俗世男子

多年前，因为爱极张爱玲的《倾城之恋》，便爱屋及乌地也爱极了一首叫《倾城之恋》的歌曲。

阳台搭着紫藤花架／半壁斜阳爬

谁又拉起胡琴咿咿呀呀／红胭脂映着白月牙

岁月起风沙／油纸伞外雨还在下

……

这凄凉的歌词，颇得爱玲华丽苍凉的意味。

每每听，都会依稀看到爱玲笔下《倾城之恋》里的白公馆，流动不息的幽然岁月，还有以孤傲之姿立在兵荒马乱中的爱玲。

那时，香港已沦陷，港大也被迫停了课。爱玲站在一个城市的废墟上，用自己的痛苦创造一段传奇，来满足她对天长地久的渴慕。如是，这部《倾城之恋》诞生了……

只是，用一个城市的沦陷，来成就一段倾城之恋，未免太过残忍。人生若是非要这般，未免也太过让人凄恻了！倾城倾国的爱情，终是幻象，只存活在她的小说里罢了。

她的爱情，终究没有谁来为她成全。歌还在唱：

只是一个自私的女人／只是一个自私的男人

别再计算爱的代价／都已经沦落在天涯

……

只是一群平凡的女人（突然听到警报在拉，炸断故事尾巴）

只是一群平凡的男人（哭着哭着睡了，风也喑哑）

都在计较爱的真假（整个城市瞬间倾塌／为了成全她）

都不过一刹那

……

他们，不过是一个自私的女人和一个自私的男人。在兵荒马乱的年代，失去、拥有，都不过是一刹那的事。所谓地老天荒，太遥远；所谓天长地久，太漫长。大难来时，只各奔天涯。

本来"夫妻本是同林鸟，大难临头各自飞"。

就这样吧！油纸伞外雨依然下，岁月在起风沙。

逢着个俗世的男子，她用就一双看透世相的眼眸，冷眼观望。

爱玲如此，清照亦没能逃过这爱的劫数。

当那日，她突然出现在莱州府邸时，明诚的心里定是充满了惊讶和震动的。分离的这一年时间里，他在没有清照陪伴的朝夕间是爱煞了身侧貌若海棠的娇妾的。

于是，见着清照的那刻，明诚也有了胡兰成那样的凉薄。

是不是这世间男子，在有了新欢之后都薄情？

风流成性的胡兰成这样就罢了，竟连爱慕着清照的明诚也是这般。我不禁，对李碧华说过的"男子的名字叫负情"有了感触。

想那胡兰成对着寻他而来的爱玲说："我待你，天上地上，无有得比较，若选择，不但于你是委屈，亦对不起小周。人世迢迢如岁月，但是无嫌猜，安不上取舍的话。昔人说修边幅，人生的烂漫而庄严，实在是连修边幅这样的余事末节，亦一般如天命不可移易。”

说得如此冠冕堂皇。

这样虚伪狡辩还不够，待爱玲到了他的住所，为了顾全新欢的面子，他竟对着旁人说爱玲是自己的妹妹。如此面目可憎的胡兰成，让人恨不得替爱玲抽他一记耳光。

比之胡兰成，纳妾的明诚还好吧！

他虽心有不悦，但仍能够诚心地对待清照。只是，爱意失了不少。他，将清照安置在一间房里，便借着公务繁忙对她不闻不问了。

面对这样的明诚，清照，便真的绝望了。

经历了那么漫长、痛苦的分离，回到日思夜想的他的身边，换来的却是这般无情的冷落，让她情归何处？

她还不知道，长久的分离，已给了明诚太多自由。而此际，朝野上下养侍妾、歌伎成风。时年，宋真宗还鼓励大臣们养歌伎来享受生活，他说：“时和岁丰，中外康富，恨不得与卿等日夕相会。太平难遇，此物助卿等燕集之费。”

所以，彼时文豪中养歌伎者，并不在少数。

比如，一代文豪欧阳修“有歌伎八九姝”，东坡居士苏轼“有歌舞伎数人”，如是等等。

在这样的风气下，明诚毕竟不能免俗。

想他明诚也只是个俗世的人，身上隐匿滋生的亦是那寻常的尘世浊气，不能出淤泥而不染。

爱玲说得最为一针见血：“每一个男子全都有过这样的两个女人，至少两个。娶了红玫瑰，久而久之，红的变了墙上的一抹蚊子血，白的还是‘窗前明月光’；娶了白玫瑰，白的便是衣服上的一粒饭粘子，红的却是心口上的一颗朱砂痣。”

李碧华说得更是见血见骨：“每个男人，都希望他生命中有两个女人——白蛇和青蛇。同期的，相间的，点缀他荒芜的命运——只是，当他得到白蛇，她渐渐成了朱门旁惨白的余灰；那青蛇，却是树顶青翠欲滴爽脆刮辣的嫩叶子……”

成了俗世男子的明诫，让清照着实心灰意冷。

想她，抱着一腔热情来到他身边，却未承想他早已有佳人入怀。过去，已成过去，再美好也追不回来了。遂，也对自己“年老色衰”生了悲凉。

是的。

她，已非初识他时的十七岁少女，有水嫩的肌肤、芙蓉花似的容颜。尽管她仍才情出众、气质优雅，但近四十岁的年龄是不争的事实。

她已无过多资本来守住一段爱情的佳美。

然而，她是谁？倔强的、聪慧的女子。

早知，“情”就是这样，管她是谁呢，来时快，去时亦快，再是沸沸腾腾，情消时总也有诸多不堪的。如是，她把小女子的“长门怨”和着血泪硬生生给咽进了肚子里。

她对“纳妾求嗣”的名头给予了默许。

不争，亦不抢！

情爱里，她可承受蚀骨的离别；清醒里，她则是倔强的人，骄傲地可做到放手。

所以，她的文辞里便也有了骄傲的倔强。

比如，这首词：

天接云涛连晓雾，星河欲转千帆舞。

仿佛梦魂归帝所，闻天语，殷勤问我归何处。

我报路长嗟日暮，学诗谩有惊人句。

九万里风鹏正举，风休住，蓬舟吹取三山去。

——《渔家傲·天接云涛连晓雾》

碧空、浮云、雾霭、岚山、水天，相接而成的一个世界。

她，看见曙光微露下的银河里，有闪烁的万千星辰漫出万千风帆来。它们，如梭而舞，甚是壮观。依稀间，她觉得身体变得甚是轻盈，一瞬间，她的梦魂翩跹飞到天帝的居所。

她惊愕，不知为何会置身于一个如此神奇瑰丽的地方。

正在这时，蓦然听到天帝关切的声音："你要到哪里去呢？"

受宠若惊下，她答："在我前方有漫漫见不到终点的长路，可日暮已到，这样的黑夜行路，空凭我满腹才学断是不能，因为凭借文采是绝行不了这漫漫黑夜里的长路的。如我现在所处的世道，漫漫长夜无有出路，不是有学问就可以的。但是，我还是看到了希望。你看，那九万里路上，大鹏正迎风翱翔。这样的冲劲实在可嘉，值得我崇拜并视为榜样。所以，风啊，你不要停歇你的脚步，请快快把我这小船吹到三山那儿吧！"(庄子《逍遥游》中说，大鹏鸟乘风上天，一飞就是九万里。三山，相传是渤海中的三座仙山，即蓬莱山、方丈山、瀛洲。)

这豪情万千的词，断然是将她不满现状、以期打破沉闷的生活状态的愿景抒发出来。

也是，当时她的处境，是会生出这样神奇瑰丽的幻想的。

几度辗转，独自一人，历经波折，她才来到明诚身边，以为可以再续恩爱，谁知，明诚已非青州时的明诚，他纳了妾，还沾染了养歌伎的恶习，更于官场中练就一颗俗不可耐的俗世的心。

他，应是对多年不能生育的她，有了深的厌倦了吧！

不然，他不会背着她做了纳妾之事的。

这背叛，做得如此大张旗鼓、问心无愧！

或许，在那个年代，用“专情”来束缚一个男人未免不现实得很，但是，他是明诚呀，他是曾和清照爱得缱绻的明诚呀，那些整日里只对着彼此有情的时光，如此近，如此美好。

可是，一切都烟消云散。

她，不愿面对了，要不，她那么想逃，不顾一切地想要逃走。青州十年岁月有多美好，她的悲伤就有多深。

只是，她是清照。

倔强的、坚强的、有才情的清照，即便心神俱伤了，她依然没做到决绝。

只因为爱。

如是，她在优柔与决绝之间、脆弱与坚强之间、短暂与永恒之间，选择了优柔、脆弱、短暂。

只是，爱中的女子

张爱玲，在爱上任何人之前，如同一颗长满刺的菠萝。

在爱上胡兰成之后，她成了低到尘埃的花朵，脱下坚硬的盔甲，让人窥见藏于内核中的满溢的柔软。

或许，这世间女子，一旦爱上了人，便只有千般委屈、万般柔软了。即便，时常乱了方寸，却又雀跃不已。由此，她们在爱中便个个寂寞。

一向骄傲的爱玲，如是。

古时，那个奇女子鱼玄机，亦如是。

想她鱼玄机，以惊艳之貌和惊绝之才，曾苦煞了一班为她散尽千金、倾尽衷肠只为博红颜一笑的痴情男子。缘由无他，只因此际她爱上了那个亦师亦友亦父的温庭筠。

这良人，却并不貌比潘安。

但是，他有旷古烁今之才情。所以，他只于一个暮春时节的午后，寻得她的芳踪，贸然题下了“江边柳”三字，就在尚未及笄的她的心湖中投下爱意萌发的种子。

她开始用那首闺阁凭栏时作的诗，遥寄她的相思：

苦思搜诗灯下吟，不眠长夜怕寒衾。满庭木叶愁风起，透幌纱窗惜月沈。疏散未闲终遂愿，盛衰空见本来心。幽栖莫定梧桐处，暮雀啾啾空绕林。

——鱼玄机《冬夜寄温飞卿》

她女儿家的心思，是跃然纸上。

只是，她的爱情，是如此短促。

即便她爱得如此热烈，却无法同他百年好合。他一生仕途不顺，远不及他的诗那般流芳万古，他自是自惭形秽了。于是，他只肯与她高山流水般地相和。

她，这爱中的女子，便寂寞了。

后来，她又将一颗爱人的心托付在一个让人欢喜的子安身上。

然而，子安有裴姓大族的妻子，虽誓言旦旦地许诺言于她，却终是慑于妻子之威而失信于她。

于是，后来的后来，在无爱的恐慌及寂寞下，她开始过上半娼式的浮华奢靡的生活。

日间，她大开诗文宴；夜间，她便同钟情的男子共眠。

可是，殊不知，这样用身子迎来送往的她，只是以此来慰藉自己无爱的恐慌和寂寞罢了！

她并非，风骚；亦并非，卖弄。

要知道，她一颗女儿心也是肉做的。因为无爱，她只求汲取温情才做出这样的事情。

说白了，一切皆是“她是个爱中的女子”的过错。

诚如李碧华说的那般，“太爱一个人，怎会有尊严可言？——总是某人欠了某人”。

爱玲是这般，鱼玄机是这般。

事实上，清照，亦然。

她，眼见着明诚在爱别人，与她渐行渐远，却还是将一颗全然爱他的真心交付他。只是，爱的无尊严里，心会生怨的。且看她那时写就的《满庭芳·残梅》，便可知：

小阁藏春，闲窗锁昼，画堂无限深幽。篆香烧尽，日影下帘钩。手种江梅渐好，又何必临水登楼。无人到，寂寥浑似，何逊在扬州。

从来知韵胜，难堪雨藉，不耐风揉。更谁家横笛，吹动浓愁。莫恨香消雪减，须信道，扫迹情留。难言处，良宵淡月，疏影尚风流。

这首词，题为“残梅”。

由此可见，当时在她的心底郁结着怎样的怨尤。

她，素来爱梅，故而以残梅自比，亦将自己彼时的生活、感情之真实写照呈现在这字字句句里。

写尽了，她的冷清寂寞；亦写尽了，她的孤傲清高。

阁小、窗闲、春藏、昼锁，这些窄矮的意象，将她那时的内心呈现，那个狭小的、深邃的、自我封闭的世界，逼仄得让人无处可藏。心便生出万千惆怅来。

“人静帘垂，灯昏香直。”

阁楼里，时光如春美好，不开窗就将白昼给隔在了外面。走在画堂廊下，倍觉廊深幽。

盘香已烧尽。蓦见，日影移上帘箔，原来已近黄昏。时光流逝得如此快，而思念却如此悠长。自别后，再相逢，一切物是人非，可思念却还在。

良人已有所爱。

也罢，再是紧攥着一个回忆不放，亦是徒劳。

变了心的人，任是什么力量都拉不回来的。此刻，院中自己亲手种下的梅花开得正好，何不效仿梁人何逊那般在扬州以梅花为伴呢？想那时何逊，亦如自己这般孤寂落寞，独自面对满树的娇艳花簇，内心却充盈着万千的惶恐。

若是心中没有了爱，便没有办法支撑下去了吧！

所幸，在她心中还存有稀薄的爱。如这清洁、抗寒、傲雪的梅一般，她坚守着这份爱。她想这样的自己，应能感动明诚的吧？

这样想着，蓦然听到不知谁吹奏起《梅花落》，笛声婉转，却没能将自己的浓愁吹散。落花似雪，但它暗香悠长，不似人心，有时绝情得很。

多想有一个月明星稀的夜，淡淡月光下，合影赏她爱的这梅花的俊俏风流。

只是，再不会有。

爱情，说没了也就没了，想追，亦是追不回来的。

也是，这世间本就没有什么矢志不渝的爱情。即便有，也皆因时间相当短暂，才支撑得了。久病床前无孝子，旷日持久最是不容易，一切事物之所以美好全在于“没时间变坏”。

感情这种东西，最如是。

存在于两个人之间的，绝不可能始终是暖人心尖的情愫。能波澜不惊，已属不易。

在她所处的那个年代，让一个男子只对一个人有情，断然是不可能的。

丰神俊逸的男子，总会于不经意间便招惹情思。错不在他们，而在所处的年代及那个年代里“男尊女卑”的风气、那个年代男子就是可以拥有三妻四妾。

所以，她既做了爱中的女子，势必要承受这爱之劫难。

当下，就只有挨得过、挨不过的事了。挨得过，便可以若以往那般爱他；挨不过，便只有分道扬镳。

可是，她爱他。

于是，她只好做了一个委屈着去爱的平常女子。

在数之不尽的岁月里，自我沉淀。期待着看透，看透世相；抑或淡漠，淡漠地对待爱情。

诚如三毛说过的：“一切都会过去，明天各人又将各奔前程。生命无所谓长短，无所谓欢乐哀愁，无所谓爱恨得失。一切都要过去，像那些花、那些流水……”

如此，之后——

这世间，爱情抑或其他，便都没什么大不了吧！

张爱玲说："因为懂得，所以慈悲。"

爱玲又说："这世上没有一样感情不是千疮百孔的。"

爱玲还说："笑，全世界便与你同声笑；哭，你便独自哭。"

每一句，都说得这般有理有据，却让人看后不由得心生森然凄恻。寻君，迢迢至莱州的清照，其心境便如爱玲说的这般。

初到莱州府邸，她便明了曾经的誓言终成虚无。还是黄碧云说得最为入骨，她说："誓言用来拴骚动的心，终就拴住了虚空。山林不向四季起誓，荣枯随缘；海洋不需对沙岸承诺，遇合尽兴。连语言都应该舍弃，你我之间，只有干干净净的缄默，与存在。"

也是。

在忍受着和别的女子共享明诚的痛苦时，清照和明诚之间，便只剩下缄默了。

只可恨，爱意还在心头。

痴情的她，便用就一支生花妙笔来将自己的种种情愫抒写，然后，寄给明诚。

看，她是这样的深情，对明诚。

寒窗败几无书史，公路可怜合至此。
青州从事孔方兄，终日纷纷喜生事。
作诗谢绝聊闭门，燕寝凝香有佳思。
静中吾乃得至交，乌有先生子虚子。

——《感怀》

“宣和辛丑八月十日到莱，独坐一室，平生所见皆不在目前。几上有《礼韵》，因信手开之，约以所开为韵作诗。偶得‘子’字，因以为韵，作感怀诗。”

此为这首词的引。

她题为序。

于这首词中，我们可以清楚地看到：此际，有娇妾在怀，他已不再似“归来堂”时那样朝夕间都和她谈诗论画了。他，不是忙于公务，就是与不同的女子周旋，他的生活里唯独没有她。

如此，她的心底除却对明诚的失望，还生了不快。

她是这样不快乐，守着寒窗败几。

她多么希望，此际的明诚可以像在“归来堂”时那样，眼中只有她，而不是像现在这样。她，如此地厌恨那让明诚沉溺的酒、钱和女色；她，如此地渴念“作诗谢绝聊闭门，燕寝凝香有佳思”的美好时光。

只是，这一切都若流水逝去，一去不得复返了。

由此，浓的、深的哀伤和愁怨，再也消融不掉。

经迢迢山水，到了莱州，又如何？还不是陷入这无望的闺怨中啊！良人在和不在有何区别？照样是，守着“一寸柔肠”滋生出的“万千缕愁思”度日。

岁月是这样无情，情人亦是这般凉薄。

如同这淅沥的雨声催逼着花落，所有的所有只剩下了几声空洞的回响。

那么长久的相伴，她心底还是存了希冀和渴念的。所以，她凭栏远望，望尽“连天芳草”，只为望到良人归。

可惜，良人早忘了归来的路，迷失在温柔乡中了。

这样的果，让她如何不肝肠寸断呢？

正如黄碧云说的那般：“你期待的生命是莲花，可是它偏偏长出的是肥大而香气扑鼻的杧果。”

世事就是这样。

有的没有的，都不会遂了人愿的。

有人将明诚的纳妾，归为她不能生育的过错。

在我看来，未必这般。十年间的屏居生活可以无儿无女地过，为何到了莱州做了官就不能了呢？说白了，他明诚不过是一个俗世的男子，有着俗世男子的凉薄及贪欲，罢了。

就此，他们的爱情有了断章。

在那个年代离婚还是禁忌，并且上不得台面。最重要的是，于她心底明诚的分量还那么重，重得她无法将他割舍。因此，她唯有将所有爱之伤害独自承受。在一座只属于自己的城池里，低眉顺眼地委屈着、隐忍着。

爱一个人，就是会如此的吧。

不信他真的变心，他即便真的不好，也不能够真的承认他不好。一颗心全在一个男人身上，“上穷碧落下黄泉，两处茫茫皆不见”，亦在所不惜！

我又想起爱玲的话来，她说，喜欢一个人，会卑微到尘埃里，然后开出花来。那时的清照，亦是这般吧。为爱明诚，低到尘埃里，开出花朵来！

虽然是这么地伤，这么地伤！

但是，仍笃定：“总有离岸的船，亦总有回家的人！”

第八章

人间天上，没个人堪寄

张爱玲说，乱世人自有乱世人的活法，大盛大衰，皆是宿命。乱世中的清照，是如此地伤感，明诚离去后，她开始了孤绝的颠沛流离。

“香港的陷落成全了她。但是在这不可理喻的世界里，谁知道什么是因，什么是果？谁知道呢？……”

乱世之中，爱玲写下这样的句子，因此成就了自己。

在那时的“孤岛”上海，她的这奇艳的文字，是如寂寞夜空中最后一束令人惊艳的烟火，划破苍穹，华丽出尘。

可是，乱世之中的清照，却没有爱玲这般醒然夺目。

她若浮萍，东漂西荡地，没了根，没着没落的。有人说，她的前半生太顺了，所以，上帝到底是嫉妒了。

就此，明诚与她相伴二十六年后，猝然离世；就此，国破家还亡。

就此，她的世界一片孤绝。

在这之后，她将一个人上路，寂寂地走在后半生的颠沛流离中。所谓艰辛、难挨、愁怨、寂寞，她都将一一接纳。

从此，世间孤伶，只孑然一人。

从此，人间天上，没个人堪寄！

啊，是乱世

阅读张爱玲的故事时，我最钟爱那句“愿使岁月静好，现世安稳”。

我们姑且不论爱玲和胡兰成的结局，这字句间的美好还是令我们无限神往的。

我们喜欢，是因为我们没有谁能抵御得了这美好愿景。

那时的清照，亦然。

她，站在那个汴京被金国所占、北宋政权南迁的历史舞台上，应万般渴念“岁月静好，现世安稳”的！

那时节，真是一个乱世啊！

那一年，是宋钦宗靖康元年（公元 1126 年）。

秋凉似水的时节，金兵一举攻占了北宋的首都汴京。徽宗、钦宗父子被俘，汴京上下皆被金兵洗劫一空。霎时，举国上下一片惊惶，许许多多的北宋子民，一夕间成了有家不能回的难民。

历史上，将此变故称为“靖康之祸”。

国难未靖，家事迭起。

于他们二人而言，真是祸不单行。

先是明诚的母亲撒手西去，她和明诚便为母奔丧而南下。山水迢迢，二人只带了少量的藏品上路。谁知青州兵变，接着沦陷。入侵的金兵，如同洗劫汴京那般，将青州也给洗劫了个遍。他们夫妇的“归来堂”自然没能逃过这劫，也被洗劫一空。

他们夫妇多年的收藏心血，如此付之东流。

心痛，可想而知。

更令人凄凉的是，从此故乡不复为故乡，他俩，皆成了颠沛流离的人儿。

“靖康之祸”之际，宋徽宗的第九子康王赵构，恰巧被宋钦宗派任河北兵马大元帅，成为侥幸躲过这场劫难的皇室的唯一幸存者。时年，他便被大臣推举在南京登基，后迁都于临安，恢复宋国号，年号为建炎，史称南宋。

南宋建立后，北宋子民们便纷纷随着宋之政权南下。

彼时，明诚丧期还未满，便被任命为江宁（建康）知府。不知什么缘由，清照没能与之同行。待到无以忍受国破家亡、夫妻离散的惊惶之际，才在暮秋时节南下寻夫。

身处江宁，清照早已忘却小儿女之情，只一颗心系着广大颠沛流离的民众。她的内心，涌起万千愤慨。如是，她用诗作武器，抒发对国家命运的关切，抒写对投降派的谴责。

所谓，巾帼不让须眉！

她一个才情绝世的女子，果敢地用一支犀利的笔写下这样流传千古的名句：

南渡衣冠少王导，北来消息欠刘琨。

南游尚怯吴江冷，北狩应悲易水寒。

王导、刘琨乃是东晋时人，一个效忠王室，一个图复中原。

她，借这两人来讽刺当朝统治者的怯懦。“南渡”说的是高宗赵构、钦宗赵桓。南游的高宗，到了地方湿润的吴江却嫌太冷，还想继续南下，如此，让被掠到易水北的徽宗、钦宗二帝心底该如何悲哀呢！

这样的高宗，是懦弱的，他根本不想拯救徽宗、钦宗，而只想偏安一隅。

懦弱而自私的人儿呢！

真让人不耻，亦让人深恶痛绝。

对于高宗如此做派，对于叛降金朝、被金人扶植为傀儡皇帝的伪楚张邦昌和伪齐刘豫的汉奸罪行，她亦没手软。

她，写就一首《咏史》来表达自己对他们的极大蔑视：

两汉本继绍，新室如赘疣。

所以嵇中散，至死薄殷周。

诗中，她用疾恶如仇的笔触，通过对两汉之际王莽篡政的历史回顾，来预言像张邦昌、刘豫这样的民族败类将不会有什么好下场。

由是，我们看到了一个铮铮女子。

她，有着这样鲜明的政治立场，这样强烈的爱国思想。

她，是这样地可爱，亦是这样地让人崇敬。

关于此际波折的生活，她的词中也有所体现，比如《鹧鸪天·寒日萧萧上琐窗》：

寒日萧萧上锁窗，梧桐应恨夜来霜。酒阑更喜团茶苦，梦断偏宜瑞脑香。

秋已尽，日犹长，仲宣怀远更凄凉。不如随分樽前醉，莫负东篱菊蕊黄。

是深秋，天气寒凉。

空气中，充满秋天的萧瑟感。她觉得是这样地悲怆。于流离失所中，国已不是国，家已不是家了。纵使暖洋洋的日头照旧爬上窗格，她仍觉这天地之间无半点温暖可言。

秋意森凉、疏剪萧索，梧桐树叶亦被夜晚的秋霜打落，婆娑阑珊间，它应恨透了这寒凉的夜来霜了吧？

如同她的愁怨，渗进骨子里般地深刻。

愁怨最深重时，她总是会饮上几盏酒，进而抵达某种沉醉的状态。渐渐地，这种醉饮随着愁怨的增多而成了习惯。不为消愁，只为求一好梦来安神一刻。

毕竟，这是个乱世，乱世中的人更应自求得某种安宁，哪怕只一刻。

明诚因公务忙碌，为生计奔波，已不能似过往那般和她秉烛对饮了。如是，她这小女子的心中便多了些忧愤及挂念。想着，还是要以清醒的面目对待这尘世。

于是，醒来后她马上用团茶来解酒，苦涩中竟喝出淡淡清香来。

只是，瑞脑香气再宜人，还是不能够让她安神。她，输给了这“秋已尽，日犹长”的日子，并患得患失起来：“建安七子”之一的仲宣，时年为避董卓之乱而到荆州依附刘表，却因其貌不扬而不得重用，其凄凉心境可想而知。今，颠沛流离的她，与那时的仲宣，其内心凄恻惶恐是有过之而无不及的。

山河依旧，家国却不似当初。

这让她如何承受！

罢了，罢了，不如忘却这颠沛流离，喝下这三杯两盏的佳酿，来饮尽这份感伤。看那香满园的菊花在那里正艳，莫辜负了它的绮丽和芬芳。

良辰好景，在乱世中弥足珍贵！

如是豁达，世间或许只她一人可做到。

看，在国破家亡中，张爱玲是出逃了，认为国事与她这般小女子无甚干系。如是，她便为世人诟病，而不似清照这般被人喜爱着、歌颂着。

可是，在我看来，这样的爱玲也未免不可爱。

试想，那样的乱世，多她一个手无寸铁的柔弱女子又能如何？

她，选择避开。这一避，也算避开了那一场浩劫，要不，以她的身世，能否安度余生，真的不可知。然而，是幸还是不幸，谁也说不清。反正，她这一避开，她那惊世的才情便没能再现。

清照，却非如此，她在惶惶的乱世中，用她的惊世才情，唱响感时伤世的悲歌。

你逝去，我亦摇摇欲坠

你将逝亡，我亦摇摇欲坠。

——黄碧云

“在这兵荒马乱的时代……总有地方容得下一对平凡的夫妻。”这是爱玲在《倾城之恋》中写下的句子。

是的。

乱世中，自有乱世的人的活法。

那一年，清照和明诚正安居在池阳（今安徽贵池）。谁知，皇帝突然下旨要明诚赴任湖州。

或许，命定。

彼时，正值“赤日炎炎似火烧”的酷暑，明诚不得不疾驰奔赴湖州。长途跋涉，加之赶得及，酷热难耐之中，明诚病倒了。

清照得知之后，心急如焚。

她深知，急性子的明诚，肯定会乱吃一些凉性的药物来快速祛暑。可是，这样的服药方式无疑是雪上加霜，让病更重。她颇精通一些医理，然今时并不在明诚的身边，无论如何心焦都无济于事。

待到她急匆匆地一天赶三百里路来到明诚身边时，一切都为时已晚。明诚，早已因乱吃了柴胡、黄芩这样的凉性药物而病入膏肓。黄芩、柴胡等药实属苦寒之物，适用于热症，凡虚症、寒症病人均不宜使用。

结果，明诚用药后病症非但没减弱，反而加重了。

不久，驾鹤西去。

临别之际，对清照他有诸多不舍，亦有诸多愧疚。他为自己纳妾、养歌伎的行为深深悔恨。为表愧意，临终时他写就“取笔作诗，绝笔而终，殊无分香卖履之意”，将自己所有的家产都留给了清照。执手相托的，还有未修订好的《金石录》。

就此，他们天人相隔，再无法相见。

是年，清照才四十六岁。

就这样，她在兵荒马乱中，亲历爱人的离去，脸颊上隐约浮现着悲恸。

才女三毛曾写过，“男人是泥，女人是水，泥多了，水浊；水多了，泥稀；不多不少，捏成两个泥人——好一对神仙眷侣。只是，这一类，因为难得一见，老天爷总想先收回一个，拿到掌心去看看，看神仙到底是什么样子”。

或许，他俩是太好的一对了。过的是神仙似的生活，所以，老天爷也嫉妒了。

这样的失去，于清照而言，真的难以承受！

人到中年，所有的尖锐都已在生活中磨去。只愿，偎依在一个人的肩膀处安然而活。然而，世事这般无常，先是国破家亡、流离失所，后又这样猝然痛失最爱。

曾经的耳鬓厮磨、细语呢喃，都一去不复返。

这样的打击，再坚强的女子，亦是无法承受的吧。

试想，没了物质上的依靠，再失去精神上的寄托，这样的生活是怎样无所指望呢？

亦舒说过："如果没有很多很多的爱，那么就给我很多很多的钱。"

而那时的清照一无所有。

没有钱，亦没有爱，她只孤零零的一个人，孑然走在人生的风雨中。

隔着千年的时光，我疼惜地遥望着这刻无助的清照，便想起了那两句歌词来："等到风景都看透，你会陪我看细水长流。"

词境是这样美好。

只可惜，世间事总是变化莫测。我们谁都不知道，下一秒等在人生路口的是什么。

是悲，抑或是喜。

所以，唯有接受。活着的人，仍要好好地活着。

可是，要如何将这难以抑制的悲恸释放呢？

清照，用她那绝世的笔，如是森森然地诉道：

藤床纸帐朝眠起，说不尽、无佳思。沉香断续玉炉寒，伴我情怀如水。笛声三弄，梅心惊破，多少春情意。

小风疏雨潇潇地，又催下、千行泪。吹箫人去玉楼空，肠断与谁同倚？一枝折得，人间天上，没个人堪寄。

——《孤雁儿·藤床纸帐朝眠起》

《孤雁儿》，词牌名。原为《御街行》，因《古今词话》无名氏《御街行》词中有"听孤雁声嘹唳"这样的句子，而更名为《孤雁儿》。

这词牌由来的小典故，说明此词的意境是如“孤雁声嘹唳”，是至为凄恻悲凉的。

于词前，她自己亦写了这样的小序：

“世人作梅词，下笔便俗。予试作一篇，乃知前言不妄耳。”

是的。她是要于这首词中借梅抒发自己的孤苦怀思了。故而，后世亦将她这首词看作悼亡词。

“床”“帐”“香炉”，这闺情词中常见的意象将她内心的悲苦给抒写出来了。

此处：床，已非合欢之床，而是轻薄的单人床；帐，亦非华贵的芙蓉之帐，而是时年文人高士中颇为流行的一种特制的用坚韧茧纸做成的帐子；香炉，则以其炉寒香断之景象，来渲染一种凄凉之心境。

不知谁家的玉笛吹奏起《梅花三弄》的曲。幽怨的曲调，霎时就惊了她的心。自明诚离去，她总沉浸在一种莫名的悲痛之中。往事如流水，在心中流过。

梅花开，春来。

可是，风雨亦来。

一场风雨，梅花几何，春意又将留几许？

生命，太多无常了，如今，“吹箫人去”，明诚早就不在身边，这境地如何不让人潸然呢！

而今，人去楼空，只剩刻骨铭心的哀思。

如是，为表这哀思，她引用陆凯的“折梅逢驿使，寄与陇头人。江南无所有，聊赠一枝春”典故，来传达“纵使春到江南，梅心先破，但天上人间，仙凡相隔，又如何传递春的消息”的无可奈何及悲恸。

也是，想当年，和明诚虽有离别，也只是“一种相思，两处闲愁”；

虽“愁绪剪不断，理还乱，才下眉头，却上心头”，毕竟可盼可等、有聚可成。可如今呢？明诚不幸早她离开人间，她和他成了阴阳相隔的两个人，再无那相聚之日了。

她，至此真真成了一个“人间天上，没个人堪寄”的孤寂之人。

情何以堪，如何不让她泪下千行呢？

这首词，真真是佳作啊！

全词以“梅”为媒介，精妙地将相思之情被“梅笛”挑起、被“梅心”惊动，又用“折梅无人共赏”，精妙地将自己无人堪寄的凄凉境遇给影射出来。如是，那无可排遣的糟糕情绪，就全隐匿在这绵绵的长恨之中了。

她又诉：

天上星河转，人间帘幕垂。凉生枕簟泪痕滋，起解罗衣聊问夜何其。翠贴莲蓬小，金销藕叶稀。旧时天气旧时衣，只有情怀不似旧家时。

——《南歌子·天上星河转》

明诚离去，她是这样地不舍得。

秋将至，枕簟生凉，她一个人独自坐卧着，一任思念明诚的泪水落下。斗转星移，银河迢迢，人间天上，他总以微风、落花、绿叶、浮云的形态入她的眼、她的心，而让她彻夜无以成眠。

渐渐地，她像个得了抑郁症的病人，每夜都沉溺在思念明诚的情绪里。且在疼痛不已之余，还饮之甘甜。

今夜，又如此。

一夜无眠的思念后，她欲解衣睡去，却发现已近清晨。

睡意，一下子就全没了。

借着天光，她又看到了那件旧时的锦衣。锦衣上的绣花，仍旧鲜艳，微光折射后亦发出耀眼的光泽来。她的眼，硬生生地被这光泽刺伤了，这般疼痛不已、泪流不止！

泪眼婆娑间，她忆起曾经的温馨时刻。穿着这锦衣的她，和明诚。那时的明诚，看着她，流露出的全都是情意绵绵。那时的明诚，对她是这样地流连不已啊！可是，往事如烟，衣在君却不在。

所有过往，至此皆成幻影。

看着这充盈着浓浓回忆的锦衣，她更加忆起和明诚一起的往昔。过往，历历在目……

秋凉，依旧；锦衣，依旧。

一句“笑语檀郎，今夜纱橱枕簟凉”，诉尽那时的她何等地快乐和甜蜜，而如今，景依旧，人不在。

这，是何等地悲凉、锥心！

诚如，黄碧云言写的“你将逝亡，我亦摇摇欲坠”。

就此，她成了这世间茕茕孑立、形单影只的一个人。

就此，她的世界里，再没有一个人似明诚那般心疼呵护她；她的生之岁月，从此一片寂静哑然再无人问津。

她，如同一个哑人，只孤寂地蜷缩于一隅在回忆里过活；她，亦如同一个盲人，只疼痛地用手写下那些寄寓着万千思念的文字。

她的心，她的人，由此开始飘零。

她似浮萍，再没了根。

只日日夜夜唱着一首思念的歌：

“我能感觉，我像只麋鹿奔驰思念的深夜，停在你心岸啜饮失眠的湖水，苦苦想你习惯不睡，为躲开寂寞的狩猎。

“我的感觉，像小说忽然写到结局那一页，我不愿承认缘分已肠思枯竭，逼迫自己时光倒回，要美梦永远远离心碎。

“我抱着你，我吻着你，我笑着流泪，我不懂回忆能如此真切，你又在我的眼眶决堤淹水，爱不是离别可以磨灭，我除了你，我除了疯，我没有后悔，我一哭全世界为我落泪。

“在冷得没有你的孤绝，我闭上双眼，用泪去感觉，你的包围……”

所以，她写《怨王孙·梦断漏悄》：

梦断漏悄，愁浓酒恼。宝枕生寒，翠屏向晓。门外谁扫残红？夜来风。玉箫声断人何处？春又去，忍把归期负。此情此恨此际，拟托行云，问东君。

自明诚离开，她再无法安睡。

常常会在梦中惊醒，独坐到天亮。今次，亦然。

她开始写一些如水的文字，遥寄给远在天边的明诚，比如这首《怨王孙·梦断漏悄》。

思念成灾，夜深，冰凉如水。

她，又在睡梦中惊醒。更漏，一声声敲击着寂寥，心是这样地沉郁。宿醉未消，愁绪是这样如藤蔓将她缠绕。

夜是如此地漫长，又是如此地难挨！

更漏声，一声声，更显恼人。

终于，熬到了天见晓雾，拂晓将来。

只是，此际枕簟更寒，翠色的屏风映着晨光，散发出阵阵阴森的寒意。她，觉得是如此地寒冷彻骨。

再不能将目光，停留在那寒光中，因这光带的冷寂让她如此不堪承受！

如是，别转头，望向窗外。

可，窗外并没有好过窗内。只见，那满地的落花，随风而飞，身姿美却感伤万千。

残花坠落，是件伤人的事！

由是，她想起了明诚的离开，自语："玉箫声断人何处？"

时光荏苒，动荡的岁月里，他终没能够陪着她走这荆棘密布的路。

这样的苦楚，谁能知？

远在天边的明诚不能，而这世间亦再不会出现一个明诚了。人生有太多的无常，下一秒会发生什么样的事情，谁都无法把控。人生苦海，若是身边能有一个人可以依偎，便不会觉得苦痛、难挨；若是没有，便会日日夜夜间似她这般苦痛。

可是，她即便怨天怨地了，明诚也不能回来。

因，他已无"归期负"可言。他已逝去，如同一只断了线的风筝，飞往她无以追寻的角落。自此后，她的喜怒哀乐再无人关怀。哭也好，笑也好，都将是她一个人的事情。她的满腹的情，亦再无人可寄托。

恨，不能消！

她，仍觉这世间存有希望，是生生不息的，如同花朵，经历了花开花落，终还会再开。于是，她欲将情绪全部倾泻给"东君"。可"东君何在"？"东君"，本是传说中的仙子，不食人间烟火，怎会听到她这凡人的心声呢？

如是，她这寄托成了断了线的风筝，一头栽在了硬生生的土地上。

疼痛如何，不必多言我们皆知。

欢情薄，命运错！

问这世间情为何物，直教人生死相许！

她，似孤雁，就此于世间踽踽独行，这样的凄苦孤独，令人心疼！

庭院深深，深几许

“死生契阔——与子相悦，执子之手，与子偕老是一首最悲哀的诗……生与死与离别，都是大事，不由我们支配的。比起外界的力量，我们人是多么小，多么小！可是我们偏要说：‘我永远和你在一起，我们一生一世都别离开。’——好像我们自己做得了主似的。”

这是爱玲的执念，所以她才写出如此言之凿凿的关于爱的话语。

人，这一生，能不能和某人执子之手、相悦偕老，真的不是自己说了算的。

多数，只是美好的愿景罢了！

爱玲，如此；清照，亦如此！

有人说，时间最是无法把握的，它转瞬即逝。

情分不见，令人甚觉世事无常。

清照和明诚的，那深切的情分，就是在不经意间不见的。如是，清照一个人便茕茕孑立，在那时间的荒野里。

她原本生了追随明诚的心的。幸而，有明诚的临终所托。她必须让自己变得坚韧，哪怕在心底置入一根柱子，都要支撑着踽踽走过这剩下的旅程。

就此，她在已荒芜的城，将身心全部投掷在那一卷卷的《金石录》上。

《金石录》，是她和明诚，用却二十九年时光共同研究撰写的有关金石彝器的考证文集。它蕴含了她和明诚的心血，亦蕴藏了她和明诚欢乐的源泉。这些沾染着回忆的书册，给她带来了活下去的理由。

不过，庭院依旧深深。她的心，总是疼痛。如是，她写：

庭院深深深几许，云窗雾阁常扃。
柳梢梅萼渐分明，春归秣陵树，人老建康城。
感月吟风多少事，如今老去无成。
谁怜憔悴更凋零，试灯无意思，踏雪没心情。

——《临江仙·庭院深深深几许》

无明诚在的庭院，是寂寞的。

她，开始过起闭门幽居的日子，在那座和明诚一起居住过的楼。

柳生新绿、梅萼绽开，是春天了。

可是，这又与自己何干呢？

暖意，早已随明诚而去。什么样的良辰美景，于她而言，都一样。再没了快乐可言。过去，虽然她也曾吟风弄月，而今，她只想客居于这寂寞的康城，直至终老。

一切风华，都随风。

她，只一个人，抱着回忆过活。

风景再美，赏灯踏雪赋诗的闲情逸致再没有，心中只剩哀苦万千。

回忆，更伤人。

那时，她和明诚一起披蓑踏雪寻梅，折枝为题，夫唱妇随中，充盈着美好的乐趣。

而如今，真不知自己还能做成什么。

想到此，那丝丝凉的飘零感便瞬息侵入她的心里。

如是，庭院深深，悲伤如影随形，但是，她亦刚烈亦情深。

“物是人非事事休，欲语泪先流”，时间无法丈量她的悲哀，但是可以丈量她心底的情意绵绵。

追溯着她的过往，是这般地可与她，同忧愁、同哀伤……

关于和心爱的人相携终老的句子，安妮宝贝写得更真切、更美好。她写：

一些年之后，我要跟你去山下人迹稀少的小镇生活。

清晨爬到高山巅顶，下山去集市买蔬菜水果。烹煮打扫。生儿育女。午后读一本书。晚上在杏花树下喝酒，聊天，直到月色和露水清凉。在梦中，行至岩凤尾蕨茂盛的空空山谷，鸟声清脆，树上种子崩裂……一起在树下疲累而眠。

醒来时，我尚年少，你未老。

描绘之美好，令万千女子动容。

我亦知，千年前的清照应无数次渴念这样的时日，美好而惬意。

只是，这画面成了臆想，成了愿景。

一切，都不复存在了。

明诚，早已离开。只剩她一人空守着这深深庭院。月明星稀之时，她是这样地思念明诚。就此，她又作一首《临江仙·庭院深深深几许》，来将衷情诉：

庭院深深深几许，云窗雾阁春迟。为谁憔悴损芳姿。夜来清梦好，应是发南枝。玉瘦檀轻无限恨，南楼羌管休吹。浓香吹尽有谁知。暖风迟日也，别到杏花肥。

春日迟迟，庭院寂寥。

她是这样地孤独，可是，已然没有谁再关心她心意如何了。最爱她的人，早已离她远去，这世间她只有自己。再没有谁，可以依傍。

她深沉的心事啊，再没法向谁倾诉。

这幽居，真真如幽禁一般！

太难得，今夜她竟安眠，还做了一个好梦。梦中，她依稀又回到了那些明诚在侧的好时光。梅花正娇艳，微光淡淡，温暖是如此地无以言说。可是，只一会儿，娇艳的梅兀自凋零，一如形容憔悴的寂寞女子。

可是，憔悴了又如何？

真真是，无限恨呀！

南楼羌管休吹，此刻啊，她已无法承受这《梅花落》里的悲戚。这寂寥深夜，她要竭尽全力来隔绝一切可以勾起伤痛的物什和妄念。独自悲凉而活的她，是脆弱的，犹如一吹即折的柳枝。

浓香吹尽，再娇艳的花都会无人问津。一如，美人迟暮，英雄潦倒。正如，此际的她。

她，已非二八年华，在动荡的岁月里，她正日渐老去。

这样的生之岁月，让她惆怅不已。

想她，也曾是心怀大志的女子，她所艳羡并作为榜样的女子，皆是声名显赫的，比如花木兰，比如穆桂英，比如樊梨花……

她劝慰自己："暖风迟日也，别到杏花肥。"

痛失明诚，独居幽深庭院中的清照，是爱极了欧阳修写就的那首《蝶恋花·庭院深深深几许》的。且看，她在作《临江仙·庭院深深深几许》时写的并序即知："欧阳公作《蝶恋花》，有'深深深几许'之句，予酷爱之。用其语作'庭院深深'数阕，其声即旧《临江仙》也。"

"庭院深深深几许？杨柳堆烟，帘幕无重数"，是为欧阳修的原词句。

这词句，于那时的清照而言，是珠玉亦是珍宝。清照与那词中深锁闺中的女子共鸣。

是如，她在《偶成》的诗章中写的：

十五年前花月底，相从曾赋赏花诗。
今看花月浑相似，安得情怀似往时？

花月夜，美景依旧，见景念人，她是如此地思念明诚。

犹记起，十五年前和明诚一起在这样的花月夜，相伴游园、赏花、望月、赋诗的美好情景。

念他，更深。

心，更伤！

这样的清照，是哀恸的，亦是让人疼惜的。

她赖以生存的爱情没有了，幸福更是渺无影踪。

而前方，更有荒凉的路等在那里。

她，还不知道。

那刻，她以词臆情

乱世中的清照，情感是细腻的，亦是丰沛的。

在明诚还没离开之际，她曾作过一首感时伤世、慷慨豪迈的名诗：

生当作人杰，死亦为鬼雄。
至今思项羽，不肯过江东。

——《夏日绝句》

那一年，是宋高宗建炎三年（公元 1129 年）。

明诚被朝廷罢去了江宁太守的职务。于是，他俩决定到洪州暂住。在乘船途经和县乌江（楚霸王项羽兵败自刎地）时，清照心生感慨，如是创作了这首诗。

彼时，北宋灭亡，偏安于一隅的赵氏一族不顾“靖康之祸”这个耻辱，只将此定为旧事，“只顾一时”，日日“山外青山楼外楼，西湖歌舞几时休？暖风熏得游人醉，直把杭州作汴州”地醉生梦死着。

真真是“今朝有酒今朝醉，明日愁来明日忧”。

殊不知，大金铁骑正铮铮南下，兵临城下的定局，是无论如何也躲不过的。清照到底思绪难平，于是，愤慨地作了这首抨击当朝政权腐朽的句章。

她，是想通过歌颂项羽这个虽失败了却仍不失为豪杰的英雄，来讽刺南宋统治者的苟且偷安。

她恨，这当朝统治者的昏庸。

此外，她这个让须眉汗颜的女子，在这豪迈的诗句中向人们展示了这样一种人生哲学——活，就要活得昂扬、出类拔萃、有声有色；死，就要死得壮烈、慷慨激昂、可歌可泣。

此乃她的心声。

记得有人说，清照这首《夏日绝句》表达的意境之雄浑，完全可以和岳飞的《满江红》相媲美，皆是铁骨铮铮的句子。

读之，我亦深有同感。

这就是清照南渡之后，最美好的时光了。

那时，明诚还在侧，清照虽愤慨时局的混乱，但还没有陷入无望的悲苦中。所以，她这时的词句总还有着明朗的色彩。

然而，当明诚猝然离她而去，她的悲苦便接踵而至了。

她，如同一只孤雁，过着无望的日子。

自此，生活里再没有了“相对展玩咀嚼”金石书画藏品的欣慰，亦没有了“相向惋怅者数日”的余韵，更没有了“坐归来堂泼茶赋诗”的乐趣了。

有的全然是无尽的对亡者的相思。

由是，她那些排遣相思的词，便充盈着痛彻心扉的凄凉和孤寂色彩。

看她那一时期的词，多是些“物是人非，物在人亡”的伤感之词了。

比如：

年年雪里，常插梅花醉。挼尽梅花无好意，赢得满衣清泪。今年海角天涯，萧萧两鬓生华。看取晚来风势，故应难看梅花。

——《清平乐·年年雪里》

这一首词，可谓写尽了她的美人迟暮。

雪落时，她又忆起了往昔。

那时，他们一起踏雪寻梅，红梅映雪，那是她最爱的风景。相伴饮酒赏梅，每每都大醉而归，生活是如此地美好惬意。

可是，今次，物是人非。

君去，人孤独。她，已成孤雁一只。

如是，回忆成伤。

满身满脸的泪，满心满处的悲伤啊！

背井离乡的人儿，已经在外漂泊数十载。年华已逝，鬓角已成霜，铜镜里的容颜已不是过去的模样。

她，已成老妪。

忽而，一阵狂风起，呼啸的风吹乱了她的思绪，但是吹不走她的悲伤。抬眼望，一片天昏地暗，所有美景被尽数摧残，满树梅花在风中瑟瑟凋零，零落一地成泥！

这境地，与自己的命运何其似。

世事无常，风雨无情，岁月如刀，直催人老！

韶华，已不在。

人，迟暮！

再没了踏雪寻梅的雅兴！

她的绝望，应是任谁都能感知到的吧！诚如纳兰性德所作的《浣溪沙·谁念西风独自凉》：

谁念西风独自凉，萧萧黄叶闭疏窗，沉思往事立残阳。被酒莫惊春睡重，赌书消得泼茶香，当时只道是寻常。

纳兰性德亦是个情种。

他，定是深深了解清照失去明诚的无望及孤苦，才如是表达自己失去爱妻卢氏的绝望、哀伤。

西风、黄叶、疏窗、残阳、沉思往事的词人，这一系列意象，向我们定格了一个影子。这个影子是重叠的，叠着千年时光里的清照，亦叠着百年时光里的他，同时，还叠着无数个如他、如清照这般痴情的红尘中人。

触景更伤情！诚如她那首《摊破浣溪沙·揉破黄金万点轻》，从中我们更能感知到：

揉破黄金万点轻，剪成碧玉叶层层。风度精神如彦辅，太鲜明。

梅蕊重重何俗甚，丁香千结苦粗生。熏透愁人千里梦，却无情。

不眠的夜，夜空静谧。

思绪万千，她用就一支柔情万千的笔，开始描绘令人心醉的画卷：

清凉的夜，有清香流溢。

原来是轻柔、妖娆的丹桂，翠叶丛中万点黄花，是如此地美艳，别花无可堪比。

她，爱极了这月下丹桂。

可是，这是异乡的桂花呀，再美艳娇柔，也是别人的。

想到此，无限落寞。

她，想起了汴京城的桂花。一样的桂花香。只是，她早已不是十七岁的、纯真的、正被父母宠爱的少女了。

身在异乡，一切皆物是人非。

父母、夫君、好友、汴京城，皆离她而去。

她，孑然一身。

只一转眼的工夫呀！就只剩一个人了。

可叹，到头来终是一场虚空！

回首前尘，只是一瞬啊！

窗外，那正艳的桂花，应不会知晓这浮生万千的，亦不会知晓曾经那些良辰美景，更不会知晓她此际正经历着的颠沛流离。

它，如此地不谙世事。

诚如，过去纯真美好的自己。

而今，她在异乡，只剩寂寥、沉重、悲伤了。

它暗自散发的香气，依旧清幽雅淡，可是，她却对它生了厌倦的心了。她，原是极爱它的。曾经，她不仅喜桂，而且喜梅、喜丁香，她亦写下不少咏花之词。

可是，心随环境变，此时已非彼时。现在的她，都不爱了。

颠沛流离，痛失所爱，无家无国的她，早没了爱花这种闲情逸致了。

她经历太多坎坷了，失去至爱，所以，她有了厌倦。她，亦是凡人一个。

生命中，有太多不能承受之轻！

她，亦然。

她，是不能承受了。所以，有了厌倦，对生命、对美好事物，都有了深的厌倦。

然而，她从不怨天尤人。

她，叹息、悲痛，却从不屈服。由此，她又坚强起来。

且看，她想到了“中朝名士”乐广，甚觉桂花之“金玉其质”的花性像极了乐广的风度精神。

乐广，字彦辅，人称“乐令”，南阳淯阳人，生年不详。西晋末年，被人称为“中朝名士”。又因其曾官至尚书令，故史称“乐令”。关于他，《史传》中有如是记载：乐广为人“神姿朗彻”“性冲约”“寡嗜欲”，被时人誉为“此人之水镜，见之莹然，若披云雾而睹青天也”。

由此可见，彦辅之风度倜傥非常。

如是名士，她，崇敬有加。

在她看来，似彦辅这般在“世道多虞，朝章紊乱”之际，做到“清已中立，任诚保素”的高洁，无疑才是当下文人所应有的状态。

这，亦是她作为一个有抱负的文人所遵奉的。

故而，她用桂花比人，亦将人比作桂花，皆在表明这一种鲜明的高洁品质。

由是，她便甚觉梅花之“俗”、丁香之“粗”了。

她原是甚喜梅花和丁香的。在她的词作中，亦不乏咏梅的佳句，比如“雪里已知春信至”“香脸半开娇旖旎”“莫辞醉，此花不与群花比”“良宵淡月，疏影尚风流”，等等。

可是，现如今它们在她眼里皆黯然失色了！

情绪使然吧！

所谓“感时花溅泪，恨别鸟惊心”，彼时她之心境，无法让她再爱它们了。那时，她即便是看到平素里颇喜爱的事物，也是会产生如云涌起的理还乱的愁绪的。

因，对梅花生“俗”感、丁香生“粗”感，她那无边际的“愁”便再次袭来。她本想用一厢好梦来解与明诚人间天上相隔的愁苦的，然，梦还未成就被这沁人心脾的花香给扰了。

由是，她甚感喟这花的无情。

关于对明诚的眷恋及思念，彼时的她还写有《忆秦娥·临高阁》这样一首词：

临高阁，乱山平野烟光薄。烟光薄，栖鸦归后，暮天闻角。断香残酒情怀恶，西风催衬梧桐落。梧桐落，又还秋色，又还寂寞。

登上高阁，她满眼的乱山、荒野。

这，已非盛世。

然而，更恼人的是如此荒凉之下，归巢的乌鸦却还在聒噪不休，远军的号角更迭起不休。入眼的荒凉、入耳的惆怅，都让她在萧瑟的光影中沉吟！

往事，于彼时的她而言，真真是不堪回首啊！

那“燃香品茗”的迷人岁月，已如暗香，只明灭在暗处，闻得了香，再近不了身了。“香已断，酒亦残，历历旧事皆杳然”，更使她如同一个盲了的人，在茫茫乱世之中再抓不着一个依靠。

是这样凄凉、无助啊！

阵阵秋风起，吹落了梧桐枯叶无数。风声、落叶声，声声入耳，让人这样地寂寥。

叶落，如无边的愁，片片打落在她心头。

风声，如锋利的刀，阵阵刺到她心底。

由是，那数不清的心酸呀，就一下子袭入她身。

有国破家亡的辛酸，亦有背井离乡、颠沛流离的辛酸，还有失去至爱的辛酸……

孤寂、悲伤，于一瞬间将她抓牢！

苍茫天地，她就只能任风声、落叶声、叹息声，一一袭过，她无处可逃，亦无力躲藏。骨子里“又还秋色，又还寂寞”的深深孤独，那么紧那么紧地将她整个人捆绑。

这时，若明诚在她身边，该多好！

如是，她便不会这般“空遗恨，望仙乡，一饷消凝，泪沾襟袖”了！

王国维曾在《人间词话》中评析这阕词道：“能写真景物真感情者，谓之有境界。”

蓦然想起，爱玲深爱的那个薄情人写过的句子来。

于《今生今世》里，他写“桐花万里路，连朝语不息”。

清照，亦用梧桐作为意象来寄托自己的情愫。

这，能开出簇簇花朵的梧桐，从来都是寄寓爱意万千的。桐花，更有情窦初开之花语。

我想，于某一刻，喜爱田园生活的清照，应是期盼过自己来世做一株梧桐的吧！

于佛前，她虔诚地许愿，许愿来世等在明诚的必经之路上，以一株开满梧桐花的树的形象。

那时，明诚依然是她一人的“一见钟情”。

如此，命运多舛的清照，应有了生之圆满了吧！

“花枝春满，天心月圆”处，明诚和她郎有情、妾有意！

如是，真好！

第九章 风住尘香，花已尽

于时间的荒野里，
她只想汲取一点点温情，
却不想，遇人不淑，
伤了身，亦伤了心。

张爱玲说，“生命是一袭华美的袍”。

也是，世事变幻，我们谁都无从知道下一秒会发生什么。身处生命的荒原里，有些事情，真真是在劫难逃。

比如，再婚的清照。

她，为了汲取一点这世间的温情，草率地将自己嫁了。谁知，那张汝舟是为鼠辈，卑劣无比。不仅骗取了她的感情，还骗取了她的全部财产。

红尘雾霭，她已近暮年，逢此境遇，是被伤了的。

原来，世事总不遂人愿。等在前方的，总是这样或那样的变故。

她懂了。

含恨写就一纸状书，将他告。

宁愿用两年牢狱之灾，换来自由，换来恶人应得的恶报。

还好，时间里没有亏欠。

她，终赢了这官司。

只是，身和心仍是被深深地伤了的。从此，“与之偕老”的愿景，成一地黄叶。

就此，她独自冷寂地度过余生！

“风住尘香”“花已尽”！

风清月朗、花好月圆，成过往，在来生了！

世有，“爱慕”她的男子

在寂然的人生里，暮年的张爱玲遇见了赖雅。

从此，她获得了从童年时期就梦寐以求的安全感。年迈的赖雅，护她周全，免她惊，免她苦。就此，爱玲看到了“岁月静好，现世安稳”的影子。

她的灵魂，再不是“空旷的原野”，而是一片“疯长的葵花”，有着无比绚烂的色彩。

这样的爱玲的人生，比暮年的清照的人生暖好几百倍。

暮年时的清照，也遇到了一个“爱慕”自己的男子。只是，这个男子是只披着羊皮的狼，是龌龊的、卑劣的、十足的小人。

逢着这样一个小人，她的人生就此成了爱玲口中的“生命是一袭华美的袍，爬满了虱子”。

那一年，清照四十九岁了。

距离明诚离开，已有三年之久。

在孤苦飘零之中，她已入暮年。经年时光，她虽和明诚相亲相爱，但却因诸多缘由未能有一儿半女。这颠沛流离中，就更显得孤独。人，渐老，或许更怕寂寞。

于是，她有了惶恐。

恰这时，有媒人上门来给她提亲。

说是一直有个叫张汝舟的男子，在爱慕着她，于是，托媒人来向她提亲。听后，她，遂有了些许的心动。

也只是心动吧，不是对人，而是对一种有所依傍的生活的心动吧！

对张汝舟，应是不会有爱情的！

尽管，她素以多情女子之面貌出现，写诗、赋词、爱人，不过，那是对明诚呀！是对少女时代一见钟情的人。是对懂她、爱她、宠她，与她志趣相投的人儿呀！于她，明诚是良人。

张汝舟，不是。

也着实，不配。

这个跟她和明诚是旧相识的人，一早就有了算计和陷害。原来，张汝舟是在某一次造访她时，获悉她虽流离失所，但仍拥有不少藏品。由此，他就动了邪念，一颗心就琢磨着如何把这些稀世珍宝骗到手。

某一日，这个无良之徒，这个无赖、流氓、骗子，终想到了一个“万全之策”，即，和清照结婚，然后独吞这些财宝，把清照一脚踢开。

那时，还是父母之命、媒妁之言的年代。于是，他便花重金收买了一个巧舌如簧的媒人，去向清照说媒。

他的龌龊之算计，清照自是不知的。

不过，她毕竟是官宦之家的女子，且与明诚的感情那么地深厚，更何况那时还是儒家伦理为尊的时代，已近半百，如何让她公然再嫁呢？

于是，她拒绝了张汝舟。

然而，张汝舟既是一介小人，自是不会如此轻易罢休。如是，他便处心积虑地靠近她。似有过，清照染病时，他将她细心照顾；也似有过，在清照卧病在床时，他“无比深情”地守在她床前，为她吟咏《漱玉词》……

如是等等，让经历过颠沛流离，已身心疲倦的清照，如何不感动呢？

由是，于瞬息间，她成了爱玲笔下为爱低至尘埃的女子，感情丰沛地渴念起下一场琴瑟和谐来。

她，或许只是累了吧！

兵荒马乱的时局，一个人生活着，是想要个肩膀依靠的。

所以，她没想太多，嫁了！想着或许是老天眷顾，派一个人让自己老有所依吧！

只是，爱情是奢侈品。

若是身边有儿或者有女，应不会这般嫁了的吧！

可惜，只可惜，她没有。

可惜，只可惜，她想错了。

她的再嫁，换来的是一地鸡毛和后半生的磨难。

有道是，“地转天旋千万劫，人间只此一回逢，当时何似莫匆匆”。

说来，男欢女爱之事，当事者端的是不可轻率为之。

她，这般地嫁给了张汝舟，实在是轻率了。

要不，她的暮年生活不至于陷入一种无奈的悲苦。

世事变幻，真真是暗涌无数啊！能逢着真爱，真真是幸甚之事。

原来，只是假情缘

人生啊，真的像一簇烟花，盛装而来，瞬息间又会消散。

只留下片刻的璀璨。

如是，眼睛看到的繁华，全成昨日的欢歌；心底开始荒芜，眼眸处再无盛放的花朵。

荒凉，就此成了人生的底色！

诚如那时清照的人生。

她的人生，自从明诚离去，就只剩荒凉的底色了。

这样的人生，再遇见一个看似“体己贴心”的人，心也就柔软了。

国破家亡，往事最不堪回首，她是想要和张汝舟好好地生活的。没有风花雪月，没有赌酒泼茶，也没关系，只求老有所依，只求孤单时能有一个宽厚的肩膀可靠，躲过灾难、躲过孤寂、躲过困苦。

如是，便好！

经历动荡不安，她是想过几年实实在在的日子了。

日常的、俗世的、柴米油盐的生活。

嫁给张汝舟，在外人看来实在轻率了。毕竟，她不是二八年华；毕竟，她不似爱玲，处在婚恋自由的时代。

她所处的社会，毕竟还是一个儒家伦理森严的封建社会，而她还是官宦人家的女子。

公然再嫁，将受到怎样的指责呢？

是的，会被指责的，要承受万千唾骂的。卫道夫不会放过她的。尤其，她是名门、她是才女，她还年过半百。

不过，舆论对她而言从来不是障碍。

骨子里的硬气，让她从来都活得不羁、洒脱，过去是，现在依然。所以，她嫁得不管不顾，嫁得理直气壮。为了后半生的幸福，她是用了一种破釜沉舟的气势来抵御那四面八方的流言蜚语的。

她，还决绝地、倔强地，忘却了“封建礼俗”！

她觉得值得。为着“世有爱慕她的男子”，值得。

然而，在卑鄙小人那里，这样的值得真的有些滑稽了。要知道，她眼见的爱情，说白了也不过是她一个人有情而已。她，亦因此，在千百年的光阴里，背负了“传者无不笑之”“晚节流荡无依”之类的恶评。

说来，如此决绝地嫁给一个无良的人，真的不值。

张汝舟，这个“恶男”，从一开始就以一副奸诈的嘴脸进入她的世界，在他的心里只有算计，他从未真正念过她的悲凉、孤寂，而是以此来欺诈她。

他不爱她，从来都不曾爱过，一丝一毫都不曾有过。

最初是伪装，之后是暴露丑恶嘴脸。

他，爱的只是清照的财产。甚而，他应是厌恶老了的清照的。所以，结婚后不久，他因清照并没有如他所愿将财产悉数交给他打理，便露出了那丑陋的嘴脸——对清照拳脚相加、百般虐待。

他是想把清照折磨死的，既然不能乖乖听话，不拿出家产来，那就去死吧！

歹毒，如他。

财产拿不到手，还守着一个人老珠黄的人过日子，这是不可能的。如是，他又生出更歹毒的心。下毒或者制造意外，可能都在他的计划里。

还好，清照虽然渐老，但依旧敏锐聪慧。她，自是看清了他的嘴脸，亦看到了他恶毒的心思。是的。女人是敏感的。虽然有万般无奈，但亦深知生命的珍贵。

所以，她开始奋起反击。

对于坏心眼的人，是不应该手软的。

于是，她开始搜集张汝舟贪赃枉法的证据，并在搜集好后用一纸状书，将张汝舟告上了官府。

她，要和张汝舟离婚。

这样的决绝，于她而言真真不得已。若不是张汝舟坏到骨子里，狠毒到没底线，她也是可以和他凑合过的，毕竟乱世中的人很难有真正的安稳和幸福的。能有个伴便罢了。

她遇到的是这样一个黑了心的人，若不离开，就会被他毁灭。

所以，在被他毁灭之前，奋起吧！

尽管此时律法规定，妻若告夫，无论对错，都是要承受两年牢狱之灾的。

又如何？总好过不明不白地死到坏人手里。

所以，她是宁愿受两年牢狱之苦的，亦宁愿在大庭广众之下将家丑暴露给世人，誓要将这个无耻之徒给绳之以法的。

人品低贱的张汝舟，曾舞弊，更犯下无数罪行，这些都被清照一一搜集。

当一场史无前例的名人离婚案上演，我们看到了想要看到的结局：张汝舟被治罪，被流放到柳州。

只是，清照也被关进牢房。

然，于清照而言，是欣慰的，恶人终有恶报，坏姻缘终结束。

能有这样的结局，在当时确也实属不易。毕竟是个乱世。能成功离婚，是万幸。

然而，于后世而言，心仍会凄恻得紧。

想，李碧华说的“女人，命好的，一生跟一个男人；命不好，便跟很多个男人”真精辟。

如此，将女人的命运系在所追随的男人身上，一点不为过。

没能够跟明诚携手终老，于清照而言，是为命不好得紧！

从此，情缘浅薄

安妮宝贝说：“幸福是生生不息，同时又难以触及的远。”

梳理了清照的人生轨迹后，我有深切的同感。

失去所爱，她自此陷入孤独，幸福亦就此遥不可及。

那一年，入狱的清照，并没有被关押太久。

因着她的名气，因着朝中还有一位亲戚的营救，她在入狱后的第九天就被释放了。

出狱后，尽管心灰意冷，但她还是给营救她的亲戚写了封答谢信。

在信中，除了感激之情外，她还讲述了自己和张汝舟这段孽缘的真相，大致如下：

一、张汝舟和她结婚，其根本目的就是要得到她手中仅有的财产。他与她结婚，表面上关心她、照顾她，实则“照顾的”“关心的”是那些文物字画，最终将之全部霸占，据为己有。

二、张汝舟，婚后不久竟觉自己“上当受骗”了。因为，他发现原来清照手中的文物字画并没有外界盛传的那么多。这让他失望不已，加之清照并没有他想象中的那般百依百顺，并且根本没有任何迹象表明要把这些文物字画交予他。于是，他在失望之余便心生怨怒。先是对清照冷嘲热讽，后来就拳脚相向，无赖嘴脸狠狠暴露，却并无羞耻，还“义正词严”！真真是个不折不扣的浑蛋。

三、她用两个典故，来痛诉张汝舟对自己的虐待。一个是出自《世说新语·文学》中的“刘伶之肋”典故，另一个是出自《晋书·石勒载记》中的“石勒之拳”典故。这两个典故，均用来影射自己备受张汝舟的虐待。面对张汝舟的拳打脚踢，她备受摧残的身体渐渐无法支撑，精神状况亦陷入更糟糕的境地。她深深地为自己当初的决定后悔，于是写道：“视听才分，实难共处，忍以桑榆之晚节，配兹驵侩之下才。”明白地指出，自己已经无法与这个人相处了，更对自己糊涂的决定悔不当初，慨叹自己在晚年时竟然以清清白白之身，嫁给一个肮脏低劣的市侩！她还写道：“身既怀臭之可嫌，唯求脱去；彼素抱璧之将往，决欲杀之。”意思是说，自己已被这个满身铜臭气的卑劣小人玷污了，现在唯求快快离开他。他为了将她手中的文物悉数抢走，已起了邪念，最后会因此而将她杀掉。

这样的婚姻，于她真真是不堪回望。

“人生得意须尽欢”，亦于她渐远矣！

从此，她的爱之世界，落入“情缘浅薄”的宿命。

说来，她那首《殢人娇·后亭梅花开有感》中，早已现了这端倪：

玉瘦香浓，檀深雪散。今年恨，探梅又晚。江楼楚馆，云闲水远。清昼永，凭栏翠帘低卷。

坐上客来，樽前酒满。歌声共，水流云断。南枝可插，更须频剪。莫直待西楼，数声羌管。

这是赏梅花有所感，而作的词。

如玉，晶莹剔透的白梅花，今季开得如此地好。身姿，清瘦飘逸，极度惹人爱；上品檀香梅，开得更好，浅红色梅花瓣在白梅花瓣的映照下，更显娇媚之态。

梅花绽开，香气袭人，让人如此地沉醉。

只是啊，白雪皑皑正在消融，再无缘——“雪压梅枝”的惊艳。

令人遗憾啊！

怨，只怨今季自己来得晚。

这样的她，是惜物。她心存良善，满眼对美好事物的思念。所以，在生活中她易生美好幻想。所以，在明诚逝去后，她因这“恨晚”的情绪，接受了张汝舟。

她，是觉得生活里没了明诚，应还是会存有一定的美好的。比如，这娇艳傲然的梅；比如，一些美好的爱情。所以，当张汝舟对着她百般献殷勤时，她信了。

她素来最怕“若赏梅晚了一步”。

对人、对物，都如此。

虽是那么大的人了，仍旧天真。

所以，结局是如此地令人悲愤不已。

想来，也怨不得她。

她虽才情万千，但依然是一名小女子。对于依靠、对于温暖、对于安定，亦是有渴念的。

不幸，遇人不淑罢了。

所以，在这首词中，我们亦看到她的心灰意冷。

身在长江之滨，有耸立的亭台楼阁无数，梅花亦多，是为江南最好的赏梅处。

每到梅花绽放时，这儿游人如织，好生热闹。

她会因此想起过去和明诚赏梅时的美好时光。而今，斯人不在，望着白云依依的蓝天，她竟生了白昼漫长难挨的感慨。

涟漪四起。

堤岸上翠柳如帷帘，低垂的样子让人太压抑了。

欢乐嫌短、愁苦恨长，她一句“清昼永”便将这惆怅诠释淋漓。

明诚之后，再无人可依赖，张汝舟的卑鄙、龌龊，伤了她的心。

她甚觉余生岁月更应被珍惜。

如是，她开始积极与友人相聚，或举杯飞觞，或开怀畅饮，或纵歌抒怀。“歌声共，水流云断”，歌尽她的豪情。他们，一群诗兴高昂的文人雅士醉心花海，若画卷，歌舞升平。

可惜，快乐只一瞬，人群散去，她心底依然生出“林花谢了春红，太匆匆”之感。

如是，她心更惜花。

她素爱折花枝来插，今次，更如是。趁花“方开未残”时，折来最恰时，如是，那娇嫩的花骨朵儿，可做簪插鬓角，或插入瓶中，都极美、极好。

若是，等到花凋零，残落成泥，就只能徒留遗憾在心头了。

世间万物皆如是。流逝了，就不复返了，是如这花开花落，一如美人迟暮。

所以呀，聚少离多的人生呀，我们都要学会珍惜，学会人生得意须尽欢，千万别等到《梅花落》曲调奏起，才在羌笛声声中泣诉别离的恨。

有此感悟的清照，是如此地世事洞明！

在挨挨挤挤的人生里，将“自是人生长恨水长东”的道理，亦看得如是澄澈！

也正因如此，她结束了和张汝舟的那段孽缘。

她是想，余生不再有遗憾，让温情多一些。

嫁错了人，又如何，只当一场噩梦罢了。

既然，余生情缘浅薄，就再不去追求，除了爱情，这世间亦有万千美好可待！

“天若有情天亦老，摇摇幽恨难禁”，如是古训，当谨念于心。

看过一部关于演绎她一生的影片。

影片中，有这样的镜头：一个单薄的背影，面对着一堵巨大的石墙，看不到她的表情，但能看到她背影流露出的深浓的落寞。

我想，这样的处理，是抓住了那时清照孤独的精髓的。

影片中，亦有这样的独白：“这虽然是小小的方寸之地，可是我却可以与窗外明月为伴，清风为友，我可以铺开脚下泥土，蘸一缕阳光，填写我心中的飘逸……”

是她在狱中的独白。

那时，她于狱中不再心存幻想。短如露珠的这段孽缘，让她明了世间原没有这么多的风花雪月，逢着明诚真真是幸事一桩；于俗世人生，凉薄的、龌龊的男子太多。

张汝舟的凉薄、龌龊，更是彻头彻尾。

他，不仅居心叵测，还卑鄙无耻，遇到他是她的最最不幸。

幸而她是坚强的女子，虽被伤，虽亦会受伤，但她永远坚韧、勇敢。

在这之后的她，再不提感情，只剩活着。

她，卸下悲伤的壳，开始整理明诚未完善好的《金石录》，亦开始用一支无形刀般的笔书写乱世之相。

如是，真好！

看穿世相，水光潋滟

想来，爱的性质本就不同。

对于张汝舟，她本就不曾爱过，不过是乱世中的一种得过且过的不得已而为之；对于明诚，却不然。那是她少女时期遇到的温润如玉的男子，给她温情万千。

与清照相比，爱玲爱得太如花烂漫、生死不顾了，全情投入，进而忘乎所有。一如她自己所言，于千万人之中遇见唯一之人是欢悦，于千万年之中能守住情爱一刻即是永恒。

只可惜，那人到底不是她的唯一。

由此，她便爱得伤了心、伤了情，以至于伤了灵性。

我们眼见着一代旷世才女在文学舞台上“自此萎谢”了！

清照，决然不会。

她，能看穿这世相，内省、坚韧如那一枝冷艳的梅。日月星辰下，她隐于市，于她爱的文字里恣意遨游。

日子虽清苦，但静好安稳。

也是。若是能看穿这人世间的色相，爱和恨就都是相同的了，都是对着一个人有情，不是吗？永恒、永远，皆是那感情之外的事物了。

故而，我们可见她用就一支笔，写尽水光潋滟、花月惊艳。她，依旧是那个妙笔生花的清照。

且看她那时写就的——《蝶恋花·上巳召亲族》：

永夜恹恹欢意少，空梦长安，认取长安道。
为报今年春色好，花光月影宜相照。
随意杯盘虽草草，酒美梅酸，恰称人怀抱。
醉里插花花莫笑，可怜春似人将老。

陋室里，一个人的长夜，会嫌漫长。

经历过孽缘，她的心更是思念明诚，有着明诚印记的“长安”亦成了心底不能轻易触碰的地方。

回忆，渐成了她梦境的源。

梦中，汴京城依然大气繁华，她和明诚十指紧扣地在街上漫步。街景、宫阙、城池，都是她熟悉的，且都带着潮湿的温情。她是这样地不愿醒来。

不过，她是大气的女子。

心中虽还装着这小儿女的私情，但没忘记还有一个残破的国。她说，今时的春色已非往日，有的是温吞吞的颓败，而全然不见往昔的繁盛。由此，感叹今时的国不是国、家亦不是家的残败。

如是，不再觥筹交错，不再把酒言欢。

如此甚好，人是应当有羞耻之心和大爱的。

人生，是这般的，有时富贵，有时清寒，自不必深追究，学会适应，学会承受，什么苦难都会过去的。

清照是这样有担当的女子，亦是这样坦荡荡的女子。对明诚的情意这般，对故国的眷恋亦是这般。

如此清照，怎不让人仰止呢！

经历过生离死别，那些时日里，她写下满满的回忆，比如这首《瑞鹧鸪·双银杏》：

风韵雍容未甚都，樽前甘橘可为奴。
谁怜流落江湖上，玉骨冰肌未肯枯。
谁教并蒂连枝摘，醉后明皇倚太真。
居士擘开真有意，要吟风味两家新。

在汴京的家，她和明诚曾一起种下一株银杏。

她，爱极了这株银杏。

经年里，她将它镌刻于心。

念它，是如念明诚，亦在念和明诚的那些花好月圆。

只是，境遇无情，她和明诚在岁月洪流里，一如眼前这被人采摘下的并蒂银杏——漂泊动荡，无根、无家，无人怜悯、无人救济。不过，虽如此他们仍始终坚守着高尚的品格不曾屈服。

痛惜的是，明诚在动荡的岁月里不幸离她而去。

所以，见这并蒂连枝的银杏，她更睹物思人，遂心生了美好的臆想：这两棵并生的银杏，因采摘之人的手下留情，而保持了美好的相偎依的模样，这流溢出的亲密之形态，真真像极了“玉楼宴罢”醉意缠绵的杨玉环和李隆基。

杨玉环和李隆基，他们这对恩爱眷侣，给世人留下了“在天愿作比翼鸟，在地愿为连理枝”的美好；他们的名字，于世人而言亦成恩爱的代名词。

如此，她借此来类比自己和明诚。

只可惜，命运竟然如此雷同。到头来，终不能相伴携手终老。

于是，她忍不住掰开这并蒂的银杏。一份留给自己，一份寄给远在天边的明诚。期望，他能感知她这刻的深念。

来生，愿可有这并蒂银杏的牵系再续前缘！

不过，日子如露、似雪，她并不让自己一味地沉浸在回忆明诚的悲苦中。强大若她，亦是被历史写大的女子。

所以，她还会写出如此有名的作品：

风住尘香花已尽，日晚倦梳头。物是人非事事休，欲语泪先流。

闻说双溪春尚好，也拟泛轻舟。只恐双溪舴艋舟，载不动许多愁。

——《武陵春·风住尘香花已尽》

宋高宗绍兴五年（公元 1135 年），这一年，清照流落在浙江金华一带。

那一年，她已五十二岁。

暮年她，独自生活，独自书写。

国破家亡、爱人逝去、文物散失、流离失所，如是磨难后，无所依靠的她心底有了极深的悲苦。

因而，整首词都笼罩在一种“愁”中。

“花已尽”“倦”“物是人非”“事事休”“欲语泪先流”，这样的哀伤字眼，皆竭尽所能地将她心之凄楚流露。

是的，那时的她是凄楚的。

孑然一身，在烽火连天中流离失所，其间世路崎岖、坎坷、凶险亦是我们不可知的。

她是女子，因而也会因这凄楚悲凉而落泪。

欲将一腔哀愁，寄托于风景，来消减悲凉，却又恐难以驱遣，如是，发出“只恐双溪舴艋舟，载不动许多愁”的感叹来。她的愁苦啊，是如此地浓稠化不开。

但是，春华秋实，月待圆时，她寂寂的光阴，有诗、有词、有回忆、有思念，如是，她自继续前行，于这满目疮痍的人生路上。

第十章 乱世雾霭，清浅安然

她，于乱世雾霭中，
若荷，安然地过着清简的生活，
直至终老。

风高草长，岁月悠长。

乱世雾霭里，看她的人生，是如爱玲写过的——人生，是个美丽苍凉的手势。

如同，被刀刻成的痕。

细细的，一条一条的，全都是她走过的路。

她，依然独居在江南，那是别他的城，远离她的故土。离群索居，她是看透了这人生。知道想要的永远都在手心之外。如是，再不揪着不放了。安然，就好。

于寂静之中，守着自己的爱好，过清简的生活。

像极一朵清雅的荷。

抹不去，乡愁深浓

远在异乡，独自一人过活的清照，有了深的浓得化不开的乡愁。

人说，文人最易生乡愁。因，最细腻、敏感、多思。

是如此吧。张爱玲这样冷傲的不将感情外溢的女子，也是有乡愁的。所以，七十岁的她用细碎的文字写道："二次大战上海沦陷后，天天有小贩叫卖：'马（买）……草炉饼！'"那时她和姑姑站在高楼上，听得心里痒痒的，不知道草炉饼是啥样子，后来终究买了块尝尝，又觉得"吃不出什么来"。

清照，晚年离群索居的清照，亦如是。

与爱玲相比，她更将乡愁嵌入生命。

张汝舟事件后，她便将一颗心归于平静。如同在海底，她是静止的，流动的只是沙。

只是，那时一帮卫道士，不断对她进行打压，只因她豪直，对偏安一隅的统治者进行讽刺抨击。一句"南渡衣冠少王导，北来消息欠刘琨"直指人心，令他们这一帮道貌岸然的人"奋起"。

他们先诬陷她"通敌"。

后借着她再婚、离婚犯了"禁忌"，拉开了架势，无遮无拦地制造了一些恶毒的舆论，蓄意重伤。

这，让她如何不更加地怀念那些在故乡时的美好时光？

如是，乡愁便似生了根，嵌入她的暮年时光。

在她一个人的世界里，回忆、过往、故土，都成锦绣，皆让她深念。

词，成了那时她排遣乡愁的最好方法。且看她这首思乡词：

窗前谁种芭蕉树？阴满中庭，阴满中庭，叶叶心心，舒卷有余情。伤心枕上三更雨，点滴霖霪，点滴霖霪，愁损北人，不惯起来听。

——《添字采桑子·芭蕉》

屋檐落雨，夏日黄昏，本是最美的时光。

可是，窗前芭蕉，这南国的产物，提醒着她这是异乡。就此，伤情起。她心中遂生了怨，怨有人多事种这早也萧萧晚也萧萧的芭蕉。

下雨时，这芭蕉更让人糟心。

三更时分，更甚。

真真是，一滴滴、一点点地敲击着思乡的心。就此，清梦不在，只剩孤枕难眠和如丝如网的思念。

她那绵绵的乡愁啊，余韵缭绕，不眠不休。

看她写就的《行香子·天与秋光》：

天与秋光，转转情伤。探金英，知近重阳。薄衣初试，绿蚁新尝。渐一番风，一番雨，一番凉。黄昏院落，凄凄惶惶。酒醒时，往事愁肠。那堪永夜，明月空床。闻砧声捣，蛩声细，漏声长。

又近“重阳”，乡愁浓郁，似狂风骤雨，似鹅毛飞雪。

秋凉，如水。

这是哀伤的季节，人会悲心起，汹涌着的全然是“无边落木萧萧下”的悲凉感。落叶飞舞，心生凉意。再见那处繁盛的菊花，亦是心生悲伤的。

无所适从下，冷意从心底开始蔓延。

于是，她忙穿上秋天的衣裳，喝下新酿的酒来抵御这冷。

不知不觉，醉了。

窗外，风起雨落，寒意更深。而她心里也下着雨，淅淅沥沥的。

近黄昏，雨中的院落更显凄清。

清晨时，菊花已经凋残。庭院萧瑟中，她酒醒了，往事浮现：全是明诚的影子，他或吟诗作画，或品玩金石，或月下饮酒……

往事历历在目，此际却物是人非。

她和他早已隔世。他们曾经一起生活过的故土，也远在他处。

他、故土，都成了她的遥不可及。

这样的境遇，如何不让她这个无所凭依的人，心感“凄凄惶惶”呢？

人说，醉时不知愁，醒来上层楼。高楼望断，灯火昏黄，这种滋味，何人能慰？！

愁肠，更深结。

这长夜漫漫，该如何才能挨过呢？

明月当空，无法入眠的她，眼见着月光照在床上，悲伤不已。又是一个不眠夜。

听远处捣衣声，听蟋蟀发出细长的声音，听更漏声，这凄清安静的夜，是如此地让人哀恸。

长夜里，孤枕难眠，她的愁便如秦观说的“愁如海”，深不见底、无边无际。

诚然，独居江南，她是始终被这浓稠的乡愁紧紧缠绕着的。再看她写就的《菩萨蛮》：

风柔日薄春犹早，夹衫乍著心情好。睡起觉微寒，梅花鬓上残。故乡何处是？忘了除非醉。沉水卧时烧，香消酒未消。

词中饱含深切的乡愁。

她欲排遣这紧缠的乡愁，于是，“酒醉”“浓睡”，想以这种无意识的状态遗忘乡愁。然而，酒醒后，那深埋在心底的绵绵乡愁一如蹿起的兔子，会腾地一下就涌上心头。

“酒醉”“浓睡”，并不能排遣她的乡愁，怎不让她愁肠百结呢？

乡愁，如是苦，更让她品尝到有家难归的悲凄。

生而为人，真的有太多的无能为力了。

此外，她还有一首《菩萨蛮·风柔日薄春犹早》：

归鸿声断残云碧，背窗雪落炉烟直。烛底凤钗明，钗头人胜轻。角声催晓漏，曙色回牛斗。春意看花难，西风留旧寒。

归鸿声断，残云碧天。

这光景，让她心生凄楚。“归鸿”“残云”历来是古人寄托乡愁的意象。归鸿思故乡，残云起乡愁，亘古不变。此处，她亦借归鸿、残云来抒发自己那怅然若失的乡愁。

乡愁起，窗外又雪落。

燃起一炉香，烟雾袅袅里更让她显得孤单。

天地苍茫，烛光下，凤钗溢彩，更给人以哀愁的感觉。

听，一夜凄凄角声，斗转参横，天渐明，春意浓浓扑面而来，迎春的花儿绽放了吧。

心，不由得生了一股游兴。

可此念方生，即又缩回。“春意看花难”，难在春寒料峭上。念及此，心便又生了深的凄凉来。乡愁，那浓稠的乡愁，更在冷寂的心里被冰冻，一时半刻化不开了。

这乡愁，想必古往今来没有几个人可以比她深吧！

她，这嵌入身心、嵌入灵魂的乡愁，与她如骨血相连。

试问，人间能有几人似她如此怀乡？！

天涯，路漫漫兮

天涯，路漫漫。

有着乡愁，客居他乡的清照，生活是漂泊的、清冷的、孤寂的。

她的生之岁月里，再没有人可以依靠，亦没有什么期冀在心头了。爱人离去，别的男子没一个可靠。

如是的她，让自己沉浸在一片寂静之中。守着回忆、守着思念，过活。

这样的她，让我不由得想起三毛来。这个我深爱的女子，在《不死鸟》中如是写着："许多的夜晚，许多次午夜梦回的时候，我躲在黑暗里，思念几成疯狂；相思，像一条虫一样慢慢地啃着我的身体，直到我成为一个空空茫茫的大洞。夜是那样的长，那么的黑，窗外的雨，是我心里的泪，永远都没有滴完的一天。先走的是比较幸福的，留下的，也并不是强者，可是，在这彻心的苦、切肤的疼痛里，我仍旧要说——为了爱的缘故，这永别的苦水，还是让我来喝下吧。"

这是对逝去的荷西的耳语，抑或私语。

当时，读之印象深刻。此际，因着清照的缘故，我又记起。

我想，每个痛失心爱之人的女子，都是痛苦难当的，但是为了活着她们必须坚韧。一如三毛，一如清照。

其实，后来的张爱玲亦如是。

在赖雅去世后，她开始过起了隐居生活。心，静如止水地住在一个小公寓里，不让任何人靠近，亦不和任何人深交。想必，这亦是失去可以相伴终老的那个人之后的自我疗伤。因为，还必须活下去，无论用怎样的方式。

只是，又有谁能深切体会她们是怎样地悲凉和落寞呢？

彼时寡居的清照，决然是悲凉、落寞的。看她这一时期的作品所呈现出来的意蕴，即知。如同作画的人将情绪诉诸笔墨一般，她亦将自己的情绪诉诸这词句。

这首汉时佚名的《悲歌行》，最能诠释那时的她的思乡之心境：

悲歌可以当泣，远望可以当归。思念故乡，郁郁累累。欲归家无人，欲渡河无船。心思不能言，肠中车轮转。

这是一首质朴的悲歌，唱的是她心底的悲苦。

于她而言，故国早已远去，乡愁将伴她终生。在这南国夏日，她唯有静静地聆听雨中的哀愁，仿佛整个世界都已不存在。

只有那一滴一滴落在心底的雨声，在不息地回响。

南国，是美好的、富饶的，水天一色、烟雨蒙蒙，又是草长莺飞的、曼妙的。

然而，再是美好，于她都不是故乡。

初夏，梅雨的时节。

连绵不断的江南的雨，经久不见阳光的日子，在在都让她心中愁云惨淡。潮湿的空气、阴霾的天气，皆让她这个北方女子感到不适。如是，她更想念北方的清爽。

想念青州的时光，抑或汴京的时光。

可是，它们早被兵火、战乱洗劫，再也回不去了。只是，不知现在那里是否似过往那般，也绿树成荫、芳华遍野了呢？

这般想着，似乎又听到了那撩人心乱的雨打芭蕉声。声声，皆让她生“欲说还休的心事”。由此，那些关于伤悲的芭蕉的词句皆跃动在她心头——

比如：

> 窗外有芭蕉，阵阵黄昏雨。（陆游妾某氏《生查子·只知眉上愁》）
>
> 流光容易把人抛，红了樱桃，绿了芭蕉。（蒋捷《一剪梅·舟过吴江》）
>
> 一声梧叶一声秋，一点芭蕉一点愁，三更归梦三更后。（徐再思《水仙子·夜雨》）
>
> 秋风多，雨相和，帘外芭蕉三两棵。夜长人奈何！（李煜《长相思·云一緺》）
>
> 窗外芭蕉窗里人，分明叶上心头滴。（无名氏《眉峰碧》）

如是等等。

她多想回到故乡呀，可是，细雨蒙蒙、雾霭弥漫，她总看不到归去的路。故国虽在，却再不可及。经历了兵燹之灾的汴京、青州故里，早就成了梦境一般的地方，曾经她在那儿的一切都已荡然无存，只剩哀伤。

伴随着南国的雨打芭蕉，这哀伤，一滴滴、一丝丝地渗透她身，或沁入她骨髓、她细胞。

她是无处可逃了。

失去家园的哀伤，如影相随！

诚如这一首《悲歌行》。

亦诚如，她反复沉思吟咏的《永遇乐·元宵》：

落日熔金，暮云合璧，人在何处？染柳烟浓，吹梅笛怨，春意知几许？元宵佳节，融和天气，次第岂无风雨？来相召、香车宝马，谢他酒朋诗侣。

中州盛日，闺门多暇，记得偏重三五。铺翠冠儿，捻金雪柳，簇带争济楚。

如今憔悴，风鬟霜鬓，怕见夜间出去。不如向、帘儿底下，听人笑语。

这首词，真实地再现了她当时的生活，亦道出了她晚年寄居异乡的凄清。

再过一天，就是上元佳节了。

人在异乡，最怕是佳节。可是，越怕，越听见别家的欢乐。是谁，在隔壁院子里嬉戏，夹杂着江南水乡《渔舟唱晚》的气息，如是扑面而来，让她怕佳节的心更怕？

她的心慌了。

于是，忙急急地掀起门帘躲进屋里。

可是，为何眼睛所见的物什，莫名让她想起新婚的夜来？

条几上的古瓶，古瓶内斜插着的几枝梅花，地上炭火正旺的火盆，都是三十几年前新婚之夜的模样。

思念，由此不可抑制地在她心头蔓延开来。

过往，便如同默片，开始一幕幕上演。

三十多年前的中州，盛日。汴京的街头，她换了男装，愉悦地和丈夫一道去观灯。

忆起，这盛世的美好时光，她的心凄苦难耐。对明诚的思念，如虫爬满全身。回转身，她默默地从书架上取下明诚的手稿、藏物之类，用双手抚摩着。这样的动作，是她每次思念明诚时都会不由得做的，是机械性的动作。

此际，亦然。

而此时，城中一片喧嚣，隐约的鞭炮声和孩子的欢呼声夹杂在一起。

她知，这一刻她唯有用自己的笔才可排遣这乡愁及深深的思念。于是，她取出一张素笺，写下这首《永遇乐·元宵》。

在失去一个人之前，没有谁会这般抱着回忆不放，但是，失去之后，便甚知能在一起是缘分，那时光亦是天赐。如同这时的清照，她是这般地睹物思人，这般地觉得过往不可得。

回忆，便是如蚕吐丝那般在她心底缠绕。

抬头望天，已近黄昏。夕阳，若消融的金子；云霞，似碧玉莹莹。此际，她不知自己身在何处了，依稀回到了当年青州那条洒满霞光的小路。那是她和明诚走过的千千万万遍的小路。曾经，他们手挽着手，一路向前；曾经，他们四目相对，无言胜似万语千言。

可是，当暮霭消散，黑暗来临时，回忆中的场景却消失了。

原来，她始终是一个人。

如是，她倍觉眼前的风景全无新意。

窗外，新芽初绽，谁的笛子里传出一曲《梅花落》的哀调。春天的气息，已露端倪，可是，梅花败了一地，甚是难看。

这眼前的春意，究竟还有多少呢？

元宵佳节时，日暖风和，可是谁又能知晓会不会骤降大雨？

她的“酒朋诗友”，驾着香车宝马，来邀请她去参加诗酒宴会，可是，她心中愁苦，只能婉言谢绝。

热闹毕竟是别人的，心中那份孤独，才独属于此际的自己。

在经历了如此多舛的命运之后，她倍觉世事难料，对赏景玩乐，再没了心情。

只是，这样的一番对话，却惊起了她那如烟往事，心中亦掀起涟漪无数。

那时，汴京一派花团锦簇。

那时，她最爱元宵节。

那时，她还年纪轻，兴致好的时候会约上闺中女伴们一起，戴上彼时最时兴的嵌插翠鸟羽毛、金线捻丝所制的帽子，到游人如织的街道逛游。

那时，不论官宦还是平民皆对元宵节重视非常。

她在那里过过许多次元宵节，那盛况亦成了深刻的记忆，抹不去，成烙印。

只是，曾经的曾经，皆成回忆。

回忆如烟如梦，已然抓不到、摸不着了。

汴京繁华，只如清梦。她只能徒留伤感，独自哀怨着。

而今，暮年至、鬓角白，娇美如花的容颜已憔悴，乱发蓬蓬懒得梳洗。人已老，心更苍老，对外面的热闹繁华再提不起兴致，更怕夜间出去见人。

也罢，倒不如悄悄守在帘儿底下，听听窗外别人家的欢声笑语。

沧桑变幻，她早就看透。

繁华的所在，再是美好，都不过是永远的异乡事物而已！

解不了她的乡愁，亦解不了她的思念。

她的人生路，依旧曲折！

若荷，清简安然

人生似一场重感冒，一阵寒一阵热，没治好的灵药，但也不致命。

——李碧华

李碧华的文字，从来都可揭穿这人间世相。

也是，人生之路，我们无论经历了什么，好的抑或坏的，都要接受。

看晚年的清照，更深有同感。

在那些颠沛流离的日子里，她的生活真是一波未平，一波又起，真可谓是“屋漏偏逢连夜雨，破船偏遇顶头风”！

那一年，得势的宋高宗的御医王继先，看中了她手中的珍贵藏品，便半买半抢地压低价格来购买。清照自然不愿意，本来于她而言这些珍品是念想，无关金钱几何的。

如此，王继先自是不肯轻易罢休。

所幸，明诚的表兄谢克家从中斡旋才将此事平息。

只是，这个王继先绝非什么善良之辈。他诬告清照将一玉壶献给了金人，让清照蒙受了不白之冤。

在当时，此举可是犯了通敌大罪。

于一弱女子而言，这招真的是卑劣至极。彼时，无钱、无权、无势的清照，是又气又怕。毕竟，再是刚烈的女子，亦没有办法跟朝廷对抗的。

只有一个办法，可将她这罪名洗清——将剩下的宝物悉数献给朝廷。

无奈之下，她便这么做了。

历经各种苦难，她亦看淡所有。一切皆为身外之物。于她而言，生命中再没有什么非它不可，即便这是些残留着明诚气息的宝物。

如是，她将所剩财物统统捐献给朝廷。

然后，于这兵荒马乱里，一路西行。

我想，这时的清照，已若清荷，凡所有皆处之泰然。

看她那首《转调满庭芳·芳草池塘》即知：

芳草池塘，绿阴庭院，晚晴寒透窗纱。玉钩金锁，管是客来唦。寂寞樽前席上，唯愁海角天涯。能留否？酴醾落尽，犹赖有梨花。

当年，曾胜赏，生香熏袖，活火分茶。极目犹龙骄马，流水轻车。不怕风狂雨骤，恰才称煮酒笺花。如今也，不成怀抱，得似旧时那？

当一切都结束，岁月便如轻花，一瓣一瓣地从手心慢慢滑落。

爱着的人、念着的人，早已遥远不可触摸，泪水如是化作了一首首饱含思念的词，或成琥珀，或成珍珠，有年份、有气味，温情装饰着她这寂静的岁月。她，像极了清丽的荷，只安然地看岁月流逝，看过往如帆漂过。

生命中，已然没有太多刻骨铭心，因为明了遗忘是什么：遗忘是时光赋予的一种恩慈，亦是一种善良的对待，所以，有些彻骨的疼痛便渐渐地于时间的光影里消失。

既然美好早被现实碾碎，那么就在孤独的写作中宣泄吧！

在无法用言语向人来表达或倾诉时，写作或者歌唱是最好的。

生命，是一场繁茂盛大的花事，亦是一场绚烂短暂的烟花。过往，成片段如雪花消融。那么，就不要以飞蛾扑火的姿态投入了。

小忆前欢，佳期再会。

活着，就要继续生活下去。

所以，我们看到了一个安然的、淡泊的晚年清照。

初夏时节，有清凉的风吹起的傍晚，她一个人坐在庭院中看如画的美景，芳草、绿荫、晚晴，这些独属于江南的美景，还是引起了她内心的波动，虽不汹涌，但也升涟漪无数。

她是想起遥远的故乡了，也想起曾和某人相偎依的温馨画面了。

这样想着，冷便由心而生，顺带着竟觉得冷意浸透了窗纱。止不住的思念便如同窗外那一弯明月，清晰地映在了心头。哀愁，也涌了上来。毕竟，想要一辈子追随的爱人不在了，生活就没了喜悦可言。至于新意，更是不见影踪。

由是，她发出了这样的感慨——“能留否？酴醾落尽，犹赖有梨花”。

也是。美好再是易失去，她还是会不由得期待美好在前方的，就如万芳凋零后，还有梨花待绽放一般。暗香，会盈满心头，世间美好亦总是可待的。一如她现在的人生，虽良人不在，美好亦一再缺失，但回忆美好。

比如，当年她和他曾在百花齐放时相携出游赏玩；比如，当年她和他一起围炉而坐，在熏香煮茶中吟诗作乐……

这些美好的往事，于她而言是精神安慰。

时光流逝，她已释然。再回忆曾经的车水马龙、花月春风，她已安然。

多少恨，成昨夜旧梦。

失去也好，得到也好，快乐也罢，哀伤也罢，都不过是人间世相的一种，要不了命。

在她的心底，本还深埋着国恨家仇的，是如同时期的岳飞、陆游一般，然岳飞、陆游毕竟是男子，可以入朝议政，可以驰骋疆场。不似她，只不过是一个“闾阎嫠妇”罢了。

曾经，有一孙姓朋友，家有小女十岁。某一日，孙姓朋友带着小女来访，她看其聪慧伶俐，欲将自己一生所学都教授给她。然而，那小女孩一句“才藻非女子事也”，让她倒吸一口凉气。

原来，自己一生所学，到后来落得的是“才藻非女子事也”。

她，是因此受了打击的。曾经的名动京城，曾经的才华高绝、满腹经纶，不过是一场虚无。原不是有着惊世才华，才算真的人生。由此，她幡然醒悟，不再为难自己。

放下俗世羁绊，不去管什么才华绝世，也不去管什么金石财宝，只寂静地、安然地书写。

这种状态的清照，真好。

她终不再受乡愁之苦，亦不再受相思之苦。

她开始过起真正的平民生活，隐姓埋名，深居简出，不问世事。

这样的生活，于晚年的她而言，是为有心欢喜的。

毕竟，她爱着的始终是文学，读或者写，都有新意在心头的。

明诚去世的二十三年后的某一天，她终于不负明诚所托，将《金石录》全部修订完毕。

时年，她已六十九岁。

为了不让《金石录》书稿散失，她从江南亲赴泉州，将书稿送到明诚的二哥思诚处，以珍存。

归来的路上，她坐在天高云低下的船上，凝望着江天一色的美景，蓦然想起年少时所作的那首词来，于是，轻轻地吟唱起："常记溪亭日暮，沉醉不知归路，兴尽晚回舟……"

这样吟唱着的清照，便觉什么都是轻的了：轻的生活、轻的生命、轻的人生、轻的……

便，真的觉得"人生不过如此，人人都经历过，不觉又完了"。

如此这般，她的一生就完结了。

关于她的逝去，因史料缺失再无从考证，那么，我们姑且不去断言。

我们只要记得在宋朝曾有一个名动汴京城的女子就可以了。

知道，她的名字叫李清照；知道，她的《漱玉词》婉约至极；知道，她的一生经得起繁华亦经得起悲意；知道，她一介小女子沉郁雄浑之气不让须眉；亦知道，她曾得一个男子的深爱，她始终深爱着一个男子。

如此，就足够了。

这样的人生，亦非凡，亦绚烂，亦辉煌！

不是吗？！

暮雨向晚，纤尘不染

晚年的清照，是看透人生的女子。

知道想要的永远在手心之外；亦知道，安然度日是最好的选择。

于是，她将自己安置于一种寂静之中，过清简的生活。不过，还是有情怀的，她总结自己和明诚的半生缘，亦总结自己颠沛流离的后半生，还总结“物是人非事事休”的状态，以及那萦绕心间的乡愁……

比如，这首《浪淘沙·帘外五更风》：

帘外五更风，吹梦无踪。画楼重上与谁同？记得玉钗斜拨火，宝篆成空。回首紫金峰，雨润烟浓，一江春浪醉醒中。留得罗襟前日泪，弹与征鸿。

因思念明诚至深，她开始回忆，回忆那些过往的人、过往的事。

只是，这些被岁月收藏的人、事、物，皆像手心里的细沙，从指缝间不断漏下，怎么也握不住，怎么也留不住。能留下的，只有这“回忆”了。晚年那么长久的时光里，她也是靠着这些“回忆”支撑着走向生命尽头的。

想来，她这样的人生，该有多沉重，又该有多难挨呢！

她，唯有用词来排遣了。

《浪淘沙·帘外五更风》，即是她这些词中的一首，其间我们可深深地感受到她的凄凉。

在最冷、最黑的五更时分，睡梦中的她，突然被呼啸的风声惊醒。睡眼惺忪中，她觉得自己是这样地孤独无依。

蓦地，惊寒。空茫无助着。

望断天涯，她知道从今往后再没有谁可以似明诚，亦再没有谁可以和自己携手共赏美景。

如此，更念明诚种种。

那时，她曾和他相对而坐，屋内点着篆香，他们或谈诗论著，或看着升腾的烟雾说些小闲话，炉火闪烁，她不时用玉簪拨动香火，恐它灭掉，毁掉雅兴。

可如今，过往成云烟，一切皆空。

站在这回忆里，她试图隔着万水千山望紫金山，好望去故乡。可是，故乡遥远，往事如烟，泪眼蒙眬里她只见到“雨润烟浓”，中原大好河山、可爱的故乡、亲爱的明诚，皆不见。

愁，太深浓；思念，太深刻。泪流不尽中，她想要找个人来倾诉，可茫茫人海没有一个可亲近的人。

那么，就向来去迁徙的飞鸿诉说吧。

如是，她的悲愁、孤苦无依，真真是让人不忍卒读，为之掩泣啊！

关于那时她的生活，她还曾用一首《摊破浣溪沙·病起萧萧两鬓华》来表：

病起萧萧两鬓华，卧看残月上窗纱。豆蔻连梢煎熟水，莫分茶。枕上诗书闲处好，门前风景雨来佳。终日向人多酝藉，木犀花。

她，刚刚经历病痛。

所以，我们在词中看到了一个这样的她：憔悴的、苍老的，头发稀疏、两鬓飞霜的她。

病虽痊愈了，但她还不能够下床。

就这样，她静卧在床上，对着窗外一弯弦月出神。淡淡的月光洒满了纱窗，她竟不知，只觉得屋子里没有一丁点温暖可言。

她还需要静养，所以，为自己煎熬了一味"豆蔻调理水"。这味"豆蔻调理水"甚是讲究，豆蔻要连枝带梢地煎，然后再放上姜、盐一起熬。长期抑郁、颠沛流离，她的体内积存了太多的寒气，若不用辛辣的姜，是决然不能驱逐身体里的那份寒的。

她，应始终动荡不已吧，不然，怎会大病一场？

不过，她始终坚韧，即便经历诸多不堪，她亦可很好地过活，可"闲情"地看书，可"雅兴"地赏景。生活是自己的，如何过得舒心是自己可把控的。所以，我们看到养病期间的她，读很多的书，写很多的文字，赏许多的美景。

下雨天，景致更美。

读枕上书，看雨中景，还有那整日陪伴着她的"木犀花"（桂花），如是深沉、如是含蓄，让人莫名心欢喜。

是的，她虽哀恸，但活得一丝不哀。

如此的她，是值得世人仰止的。

如同榜样。

一如，她始终自喻的木犀花。她，是清洁的、幽香的、奉献的，不知索取的。

从不以外形献媚，永以内质动人。

是如此可爱的人，是如此灵魂有香气的女子。怪不得，后世皆用“自是花中第一流”“画栏开处冠中秋”这样的句子来赞誉她。

上下千年岁月，如此的女子，再无第二个。

晚年间，她最触动人心的是一首《声声慢·寻寻觅觅》：

寻寻觅觅，冷冷清清，凄凄惨惨戚戚。乍暖还寒时候，最难将息。三杯两盏淡酒，怎敌他晚来风急？雁过也，正伤心，却是旧时相识。

满地黄花堆积。憔悴损，如今有谁堪摘？守着窗儿，独自怎生得黑？梧桐更兼细雨，到黄昏点点滴滴。这次第，怎一个愁字了得！

是如，“暮雨向晚，纤尘不染”。

这首词，虽深藏她所承受的深愁苦恨，但却写得极致哀婉，纤尘不染。一如，她之人生。

虽悲情，却始终清雅，不染尘埃。

一个秋日的黄昏，凄凉、寂寞。

黄昏、细雨、梧桐、黄花、风急、雁过，如是意象皆展露了她复杂之内心世界。这样的她，是凄凉的、悲伤的、忧愁的、痛苦的。她，渐生了“人生到此，天道宁论”之感。

她，觉得这样地冷，冷彻心扉，悲戚地冷。

想要饮三两杯淡酒，但淡酒的温度怎能抵挡住她身体里这份深的冷寂呢？所以，她抬头望天，以期排遣这份无可奈何，却在这时看见蓦然闯入的南飞大雁。

这南飞的大雁啊，如同一面镜子，映照着她避难江南的孤寂身影。

如是，她本伤心孤绝的心顿生了一种凄凉。一声“旧时相识”，便点燃了她和这雁“同是天涯沦落人”的感叹。

只是，如今物是人非，阴阳相隔难相见。

窗外，有菊花正在绽放，怒放着似要铺满地，然而，她早已心力交瘁，再无闲情逸致来采摘赏玩它们了。

守在窗前，要如何能挨到天黑呢？

急风欺人，淡酒无用，雁逢旧识，菊惹新愁，如是种种真真是无一不使她伤心。

如是，更觉时日漫长、度日如年！

好不容易熬到了黄昏，怎知这天公如此不作美，竟淅淅沥沥地落起了细雨，点点滴滴地落在已泛黄的梧桐叶上。

是声声凄凉，声声入耳。

愁苦，更深浓，“如泣如诉”，亦“不绝如缕”。

不禁想起温庭筠那首离情正苦的词：

玉炉香，红蜡泪，偏照画堂秋思。眉翠薄、鬓云残，夜长衾枕寒。梧桐树，三更雨，不道离情正苦。一叶叶，一声声，空阶滴到明。

——温庭筠《更漏子·玉炉香》

词中离情，真真是暗合了她那时的心。

正所谓，“何处合成愁？离人心上秋”，和明诚的生离死别，凝结了她心底最浓稠化不开的悲愁，一如这首词中的字字句句，真真是“一字一泪，满纸呜咽”！

丈夫逝去，家国两破，祸不单行，孤独地飘零于异乡。

本来，她的世界已是“天上人间相隔，世事两茫茫”的悲苦无助了，还偏逢乱世，家灾兼着国难，再加之小人当道，这样的局面，让她的愁何以排解呢？

还，真真是“这次第，怎一个‘愁’字了得”！

有人说：“人生，不过是如一场绚烂的烟花，烟灭时你会看见冰冷的绝望。所以，黛玉葬花葬的并不是花，她只是亲手葬掉了那无望的人生。”

这样的说辞言之凿凿。

回望她的人生，确实是如烟花。爱情，曾如烟花般美好，也如烟灭时灰飞烟灭；生活，曾如烟花般绚烂，也如烟灭时一地狼藉。

但是，人活着，总要走下去。

所以，总要在世间寻觅到一些温情的东西，人也好，物也好，事也好，只要能带来温暖即可。

所以，余生，她如荷淡然、清浅、寂静。

她，不再苛求任何，亦不再苛责自己，只寂然地用一支笔宣发情绪，什么浮华、繁盛、坎坷、磨难……都如过眼云烟，再入不了她的眼、她的心。

此际，她是真正内省的人。

诚如这一首感动世人千年的《声声慢·寻寻觅觅》，十四个叠字的精妙构思，妙绝。她晚年的时光亦如此，虽外人看着悲苦凄恻，于她自己而言，却内有华章。

她，饶是一朵孤花、一片落叶、一滴秋雨、一块瘦石，自美艳着。在她一个人的城池里。

她，填词，写愁怀，歌尽这人世间的种种。

每一个字中，都嵌着她的一颗真心。

她的心，是如一只小小沙漏，承载了太多，会适时流动，有的成诗，有的成词，皆满溢着她的真性情。

这样的她，如何不让人感念万千呢！

愿能以这字句将她的人生梳理；望能将其惊世的倩影深深地留存在每个人的心间。

附录

李清照年表

宋神宗元丰七年（公元 1084 年）

李清照出生于山东省章丘市明水镇。

其父李格非，北宋学士名流。其母王氏，状元王拱辰孙女，亦善文。

宋神宗元丰八年（公元 1085 年）

李清照两岁，居明水镇。

时年三月，宋神宗驾崩，宋哲宗继位。

时年九月十三日，李格非为已故“同里人”、明水西三里之廉家坡著名隐士廉复，撰《廉先生序》（道光《章丘县志·金石志》）。

宋哲宗元祐元年（公元 1086 年）

李清照三岁，居明水镇。

李格非官太学录。

宋哲宗元祐四年（公元1089年）

李清照六岁，随父母居汴京。

时年，李格非官太学正，得屋于汴京，名其堂曰“有竹”。

宋哲宗元祐六年（公元1091年）

李清照八岁。

李格非官太学博士。时年十月庚午，宋哲宗幸太学。十二月，李格非奉命撰文记哲宗幸太学君臣唱和始末。

年末，李格非作馆职。

宋哲宗元祐七年（公元1092年）

李清照九岁。

时年正月十四日，李格非撰《哲宗幸太学君臣唱和诗》碑文成。

宋哲宗元祐八年（公元1093年）

李清照十岁。

正月甲申，蔡确死于贬所，李格非有诗挽之。

宋哲宗绍圣二年（公元1095年）

李清照十二岁。

李格非召为校书郎，撰《洛阳名园记》。

宋哲宗元符三年（公元 1100 年）

李清照十七岁。

正月乙卯，宋哲宗死，其弟宋徽宗赵佶登基。

李格非为礼部员外郎。

时年，李清照阅《读中兴颂碑》诗，后作诗和之。

宋徽宗建中靖国元年（公元 1101 年）

李清照十八岁。

时年，和赵明诚在汴京成婚。赵明诚二十一岁，尚在太学做学生。

时年，李格非为礼部员外郎，赵挺之为吏部侍郎。

宋徽宗崇宁元年（公元 1102 年）

李清照十九岁。

赵明诚在太学。

时年六月，赵挺之为尚书右丞，八月进尚书左丞。

时年，李格非被列元祐党籍。根据元祐党人“不得在京差遣”的规定，李格非携妻子回原籍明水镇。

李清照为救父上诗赵挺之，有“何况人间父子情”句，“识者哀之”。

宋徽宗崇宁二年（公元 1103 年）

李清照二十岁。

四月，赵挺之除中书侍郎。

九月庚寅，诏："禁元祐党人子弟居京"；辛巳，诏："宗室不得与元祐奸党子孙为婚姻，内已定未过礼者并改正。"据此，李清照被遣离京，回原籍明水镇。

宋徽宗崇宁三年（公元 1104 年）

李清照二十一岁。

李清照为"党祸"所左右，时归原籍，时返汴京。

九月，赵挺之自右光禄大夫、中书侍郎除门下侍郎。

宋徽宗崇宁四年（公元 1105 年）

李清照二十二岁。

三月，赵挺之除尚书右仆射兼中书侍郎。

六月，赵挺之为避蔡京嫉，引疾乞罢右仆射。

十月，赵明诚被授鸿胪少卿。

大概于时年或翌年李清照献诗赵挺之有云"炙手可热心可寒"。

宋徽宗崇宁五年（公元 1106 年）

李清照二十三岁。

正月，毁《元祐党人碑》，除一切党人之禁，李格非等"并令吏部与监庙差遣"。

二月，蔡京罢相。赵挺之以特进尚书右仆射兼中书侍郎。

李清照由原籍返汴京。

宋徽宗大观元年（公元1107年）

李清照二十四岁。

正月，蔡京复相。

三月，赵挺之卒后，遭蔡京诬陷。

七月，赵挺之被追所赠司徒，落观文殿大学士。家属、亲戚在京者均受株连，赵明诚兄弟被捕置狱。因“皆无实事”，狱具。但难以继续居于京师。时年或下年年初，赵明诚母郭氏率子女、媳妇移家青州。

宋徽宗大观二年（公元1108年）

李清照二十五岁，居青州。

清照命其室曰“归来堂”，自号“易安居士”。与赵明诚读书、斗茶，琴书自娱，心情舒畅，甘心终老于此。

宋徽宗政和元年（公元1111年）

李清照二十八岁，居青州。

九月，赵明诚、李清照题名“云巢石”。（该石题记，后人多认为系附庸风雅者所伪造。真伪尚待考订，姑系于此。）

宋徽宗政和六年（公元1116年）

李清照三十三岁，居青州。

收书既多，“于是几案罗列，枕席枕藉，意会心谋，目往神授，乐在声色狗马之上”（《〈金石录〉后序》）。

赵明诚于“归来堂”再阅《集古录》。

宋徽宗政和七年（公元 1117 年）

李清照三十四岁，居青州。

九月十日，河间刘跂为赵明诚的《金石录》前三十卷作序，题为《〈金石录〉后序》。之前，赵明诚自己曾作《〈金石录〉序》。

宋徽宗重和元年（公元 1118 年）

李清照三十五岁，居青州。

仲冬廿六夜，赵明诚再观《集古录》。

宋徽宗宣和三年（公元 1121 年）

李清照三十八岁，居青州。

时年春，明诚知莱州。

秋，清照自青州赴莱州。途经昌乐，作《蝶恋花》词，题为《晚止昌乐馆寄姊妹》。

八月十日，李清照到莱州，作《感怀》诗。

宋徽宗宣和四年（公元 1122 年）

李清照三十九岁，居莱州。

赵明诚守莱州期间，在城南天柱山、云峰山，先后得北魏郑羲上、下碑。

除日，赵明诚重观所题欧阳修《集古录·跋尾》旧迹，又题云："壬寅岁除日，于东莱郡宴堂重观旧题，不觉怅然，时年四十有三矣。"

宋徽宗宣和五年（公元 1123 年）

李清照四十岁，居莱州。

李清照与赵明诚在莱州静治堂共同辑集整理《金石录》，并装卷初就。

宋徽宗宣和七年（公元 1125 年）

李清照四十二岁。

赵明诚守淄州。

夏，赵明诚于淄川邢氏之村得白居易书《楞严经》，并与李清照共赏。

时年，金兵大举南侵。

十二月，宋徽宗诏太子嗣位，即宋钦宗。

宋钦宗靖康元年（公元 1126 年）

李清照四十三岁。

赵明诚守淄州。

时年冬，金军破东京。

宋钦宗靖康二年、宋高宗建炎元年（公元 1127 年）

李清照四十四岁。

三月，赵明诚奔母丧南下。

四月，金军俘获宋徽宗、宋钦宗北去三姓（今黑龙江依兰），北宋亡。

五月，康王赵构即位于南京应天府（今河南商丘），改元建炎，即为宋高宗，南宋开始。

八月，赵明诚起任江宁府，兼江东经制副使。

时年冬，李清照“载书十五车。至东海，连舻渡淮，又渡江”，于翌年春天“至建康（江宁）”。

宋高宗建炎二年（公元 1128 年）

李清照四十五岁。

赵明诚守江宁。

春，李清照至江宁。

时年，李清照有诗讽刺宋室君臣逃跑偷安云：“南来尚怯吴江冷，北狩应悲易水寒。”又云：“南渡衣冠少王导，北来消息欠刘琨。”

李清照“每值天大雪，即顶笠披蓑，循城远览以寻诗”，亦当在此年作的。

宋高宗建炎三年（公元 1129 年）

李清照四十六岁。

二月，赵明诚罢守江宁。

三月，李清照和赵明诚乘舟上芜湖，途经乌江时，李清照作绝句吊项羽。

五月，二人至池阳，赵明诚被调任湖州，遂安家于池阳。李清照留此，赵明诚独赴任，“途中奔驰，冒大暑，感疾，至行在，病痁”（《〈金石录〉后序》）。

七月末，李清照得到赵明诚卧病的消息，遂一日夜行三百里，赶往建康探视。

八月十八日，赵明诚卒于建康（今南京）。李清照撰祭文悼念赵明诚。葬毕赵明诚，李清照大病。后遣人将行李送往时任兵部侍郎、从卫太后在洪州的赵明诚的妹婿李擢处。

十一月，金人攻陷洪州，李清照寄存于洪州的文物散为云烟。

时年，李清照之弟李迒任敕局删定官，李清照欲前往投靠于其。

宋高宗建炎四年（公元1130年）

李清照四十七岁。

因所谓“玉壶颁金”之语，李清照被迫将所有古铜器“捐付给皇帝”。

时年正月，至章安镇。二月，随御舟至温州。

九月，金人立刘豫为“齐帝”。李清照赋《咏史》诗讽之。诗云：“两汉本继绍，新室如赘疣。所以嵇中散，至死薄殷周。”

十一月，朝廷放百官。

十二月，李清照往衢州。

宋高宗绍兴元年（公元1131年）

李清照四十八岁。

三月，李清照赴越州，卜居土民钟氏宅。卧榻之下五簏文物被穴壁盗去。

时年，李清照弟李迒转一官。

宋高宗绍兴二年（公元 1132 年）

李清照四十九岁。

正月，宋高宗至临安，李清照随后亦赴临安。

三月，张九成中进士第一，对策有“桂子飘香”之语。清照作一联嘲之：“露花倒影柳三变，桂子飘香张九成。”

时年，清照再嫁，夫君为小人张汝舟，旋又离异。

宋高宗绍兴四年（公元 1134 年）

李清照五十一岁。

八月，李清照作《〈金石录〉后序》，悼旧物之不存，伤遭遇之不平。

十月，李清照避乱赴金华，卜居陈氏第。

十月二十四日，作《打马图经》。

宋高宗绍兴五年（公元 1135 年）

李清照五十二岁。

春及初夏，仍居金华，并于此地作《武陵春》词和《题八咏楼》诗。

时年内，李清照由金华返临安途中，亲睹严子陵垂钓处，作《钓台》诗。

宋高宗绍兴八年（公元 1138 年）

李清照五十五岁。

三月十五日，张棪序李格非《洛阳名园记》。序中述李清照上诗救父事。

时年，秦桧复相，力主和议。

宋高宗绍兴十年（公元 1140 年）

李清照五十七岁。

五月十一日，辛弃疾生。辛弃疾后成豪放词之首，曾作《丑奴儿近·博山道中效李易安体》词。

时年，朱弁作《风月堂诗话》成。卷上记："李清照，赵明诚妻，李格非女也。善属文，于诗尤工。晁无咎多对士大夫称之。如'诗情如夜鹊，三绕未能安''少陵也自可怜人，更待来年试春草'之句，颇脍炙人口。"

宋高宗绍兴十一年（公元 1141 年）

李清照五十八岁。

五月，谢伋《四六谈麈》成。卷一记有李清照《祭赵湖州文》断句。

十一月，宋金和议成。

宋高宗绍兴十三年（公元 1143 年）

李清照六十岁。

立春，李清照撰《贵妃阁春帖子词》。

四月，李清照在临安，撰《端午帖子词》。

时年内，李清照表上赵明诚的《金石录》于朝。

宋高宗绍兴十六年（公元1146年）

李清照六十三岁。

正月十五日，曾慥的《乐府雅词》成。该书收录李清照词23首。

宋高宗绍兴十七年（公元1147年）

李清照六十四岁。

李清照仍居临安。《永遇乐·元宵》（落日熔金）词，作于时年或稍后。

宋高宗绍兴十八年（公元1148年）

李清照六十五岁。

时年，胡仔的《苕溪渔隐丛话》前集成。其卷六十《丽人杂记》条苕溪渔隐曰："近时妇人能文词，如李易安，颇多佳句。小词云：'昨夜雨疏风骤……应是绿肥红瘦。''绿肥红瘦'，此语甚新。又九日词云：'帘卷西风，人似黄花瘦。'此语亦妇人所难到也。"并载有李清照再嫁张汝舟事。该书，后集卷三十三又载李清照作《词论》事。

宋高宗绍兴十九年（公元1149年）

李清照六十六岁。

三月，王灼的《碧鸡漫志》成，卷二谓李清照“再嫁某氏，讼而离之”。

宋高宗绍兴二十年（公元 1150 年）

李清照六十七岁。

时年或上年，李清照携所藏米芾墨迹，访米友仁（米芾子），求作跋。

宋高宗绍兴二十五年（公元 1155 年）

李清照七十二岁。

李清照欲以其学传孙氏女，孙氏谢不可。

宋高宗绍兴二十六年（公元 1156 年）

李清照卒于时年或时年以后，享年至少七十三岁。

图书在版编目（CIP）数据

李清照传：半生飘零，一世尽情 / 桑妮著 . -- 北京：中国友谊出版公司，2020.12
ISBN 978-7-5057-5055-5

Ⅰ . ①李… Ⅱ . ①桑… Ⅲ . ①李清照（1084- 约 1151）—传记 Ⅳ . ① K825.6

中国版本图书馆 CIP 数据核字 (2020) 第 218470 号

书名 李清照传：半生飘零，一世尽情
作者 桑妮
出版 中国友谊出版公司
发行 中国友谊出版公司
经销 新华书店
印刷 天津旭丰源印刷有限公司
规格 880 × 1230 毫米 32 开
7.5 印张 179 千字
版次 2020 年 12 月第 1 版
印次 2020 年 12 月第 1 次印刷
书号 ISBN 978-7-5057-5055-5
定价 48.00 元
地址 北京市朝阳区西坝河南里 17 号楼
邮编 100028
电话 （010）64678009

如发现图书质量问题，可联系调换。质量投诉电话：010-82069336